GET READY FOR
A BETTER JOB

找工作，原本可以更如意

HR总监告诉你如何找到好工作

文熠 / 著

南方日报出版社
NANFANG DAILY PRESS
中国·广州

图书在版编目（CIP）数据

找工作，原本可以更如意 / 文熠著. — 广州 ：南方日报出版社，2015.7

ISBN 978-7-5491-1288-3

Ⅰ. ①找… Ⅱ. ①文… Ⅲ. ①大学生－职业选择Ⅳ. ①G647.38

中国版本图书馆 CIP 数据核字(2015)第 126990 号

ZHAO GONGZUO YUANBEN KEYI GENG RUYI

找工作，原本可以更如意

著　　者：文 熠

出版发行：南方日报出版社

地　　址：广州市广州大道中 289 号

责任编辑：郑　颖

责任技编：王　兰

责任校对：阮昌汉

经　　销：全国新华书店

印　　刷：广东信源彩色印务有限公司

开　　本：889mm×1194mm　1/16

印　　张：16

字　　数：220 千字

版　　次：2015 年 7 月第 1 版

印　　次：2015 年 7 月第 1 次印刷

定　　价：32.00 元

投稿热线：（020）87373998-8503　读者热线：（020）87373998-8502

网址：http://www.nanfangdaily.com.cn/press　http://www.southcn.com/ebook

自序

一个曾是文艺女青年的HRD，对工作、
压力、未来的一点思考

仿佛就是昨天，教室外高大梧桐树上的知了，还在一遍一遍地嘶叫着，昏昏欲睡的课堂上，老师还在不厌其烦地给我们推导方程、划着考试的重点。

就在某一个午夜醒来的黑暗中，一瞬间，对于职业、对于未来的压力汹涌而来，让我们惊恐万状。

对于绝大多数人来说，我们都要经历十年寒窗，然后就业、跳槽、结婚、生子、老去。就像自己，也曾是站在二十二三岁当口上的小女生，觉得三十岁是那么遥远，还有无穷无尽的时间可以慢慢消磨；但三十岁悄无声息地倏忽而至、飘忽而去，三字头的岁月又在各种奋力、各种苦恼、各种起伏、各种喜怒中一点点走过。

二十多岁时，看大学同学毕业走入各个体制内单位，后来，有的人最后选择了离开，有人选择了与体制长相厮守；三十岁，看MBA同学在纯市场环境下找工作、求发展，现在，有的人已经出类拔萃，有的人还在默默向上游。

那些在家乡安逸生活的旧时伙伴，和与我同样选择在都市中拼杀的好朋友，经过这十多年的磨砺，已经有了从心到形的明显差异。

时光总能满足我们一探究竟的好奇，但同时也给了我们不可能改变的结果——究竟是时光导演了这一切，还是自己打造了这一切，还是命运之神早已写好了每一个人的脚本？众多以奋斗为主旋律的都市人，都更相信是自己决定了自己的脚本、导演了自己的剧幕、决定了自己的故事结局。

对应届生来说，面对人生的第一个分岔路口，对未来的向往和恐惧在内心交替上演。在这样的关口，我们都那么希望有个声音告诉我们——选择哪条路往哪个方向走，就一定可以到达我们想要的终点。但这个声音从来没有响起来过，我们还是要自己来面对关于未来的一切。是进是退？是永不服输还是委曲求全？

虽然有国外的研究机构说，中国的年轻人享受不到青春，天天都为生活、生存奔忙，但我想说，我们就生活在这样一个国度——在别人只用生活在十几万人的城市里面，我们可能要解决上百万人的生存问题。那些为我们做研究的国家，已经通过一二百年的时间，打下了丰厚的物质基础，建立了良好的社会秩序，而我们这一切，不过刚刚开始三四十年。

现在的我们不得不去拼搏，不得不去奋斗，那是因为，我们是集体贫二代，我们现在还没有足够的底气和实力，选择那些集体富二代的生活方式、生活理念。

当然也有可能，今天我们的奋斗，能为我们的儿辈、孙辈打好基础，他们或许就不需要像我们这样，拼命寻找好工作，再为好工作拼命。

慵懒闲适，对现在的我们来说，还稍微奢侈了一些。

同时，大学生已经从20世纪八九十年代的天之骄子变成了现在的无处不在，十多年的扩招已经将大学所带来的“骄傲”稀释干净。看看下面这个图表，还是好好面对现实，好好面对压力吧！

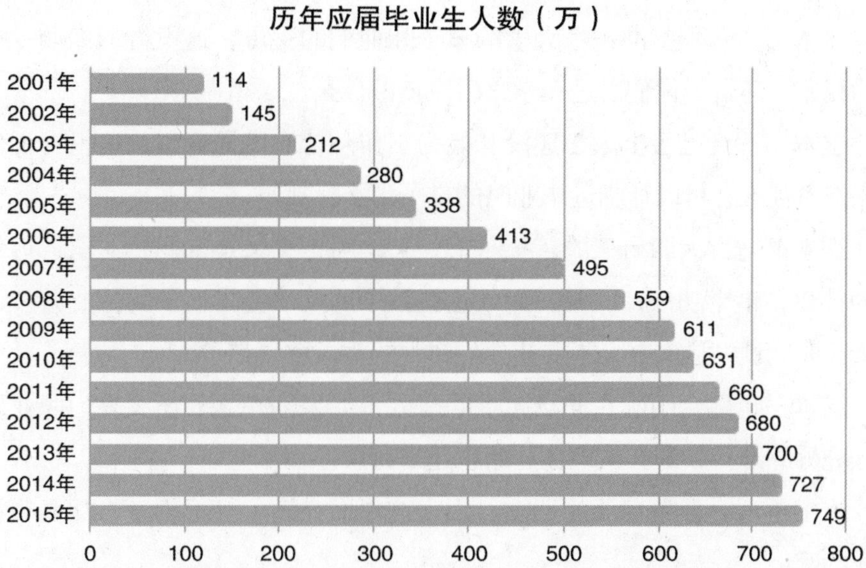

秋天，是HR们为校招奔忙的季节。

求职的孩子都觉得HR超级难对付，但不做HR的人，又有多少真的知道HR招人有多难！那些只差一步两步的同学，如果在踏入面试会谈室之前已经做好了充分的准备，那么，HR的校招任务完成起来会轻松不少！

做校招超过十年了，每年都会看到不少与好工作失之交臂的男生女生：他们在进入大学时迷茫，大学里的前三年无所寄托，大四找工作时万分焦虑，毕业时又悔不当初。作为现场“目击者”，我每年都在为他们的失之交臂而叹息，他们耽误的，都是无比珍贵的青春啊！！

是啊！青春！

奔四的人说起这个词，满心的留恋与不舍，却还要眼睁睁地看到有那么多人在浪费青春！

就在那个时候，内心顿时萌生了写本书的念头——把十年校招与应届生培养的经验写出来，让未来的年轻人少耽误点时间，让已经为他们操心了二十多年的父母，早点宽心。

这本书适合那些准备考大学的孩子和他们的父母，这里告诉你们专业选择的秘密，还告诉你们考进大学之后应该做什么。

这本书适合已经上大学还没开始为工作愁苦的懵懂青年，这里告诉你现在该准备什么，可以让临近毕业时的你不那么抓狂。

这本书适合大四研三的苦孩子们，又是写论文又是求职，这里告诉你求职的技巧，事半功倍；同时，如果这些孩子的父母要为孩子的择业做参谋，也请花时间读读这本书，不要让你们错误的观念耽误孩子。

这本书也适合刚刚在职场起步的新人，如果你在之前还没有为职业发展做好充分的准备，那么从现在开始也还来得及。

本书不适合准备创业的朋友，因为这里面充满了打工哲学，却真的没有创业的魄力。

本书不适合追求闲散生活、安贫乐道的同学，因为笔者已被大都市熏染得满脑子“奋进”“努力”“拼搏”，找不到闲散的细胞了……

目录

CONTENTS

第三部分 青春无悔——大学里的另一个50%（综合修炼） / 105

第四部分 求职进行时——找工作 / 141

第一部分

职业前传

——填志愿、选专业

一、选择比努力更重要

从小我们就一次次被教育，天道酬勤，努力就能成功、只要功夫深铁杵磨成针…… 但社会的现实又毫不留情地告诉我们：不是那回事！如果真要磨针，用细钢丝磨得更快，你通过努力把铁杵磨成针的时候，别人已经磨完几百根了。再者，为什么要去磨针？目标本身有问题，去买针不是更省时间？

所以，当听到“选择比努力更重要”这句话时，觉得分外认同。一个正确的“选择”可以数十倍数百倍地节省“努力”。

从这十年校招的经验，以及从校招之后一众人等的成长来看，个人的努力与机遇固然重要，但如果还没开始找工作就已经埋下了错误的种子，之后扭转的难度就非常大。通过努力不一定就可以改变，很多时候就只能将错就错了。

那这个“错误的种子”是怎么埋下的呢？先说两个例子。

例子一 关于校园招聘

2013年秋天的校招，在内地某城市的一所很不错的学校，面完最后一个“面霸”，纠结不已。

她在一面时被刷掉，但固执地来到复试点要求参加复试，她从上午10点就来了，执着地等到下午6点多所有的面试结束。

重点高校、重点专业，当年的录取分很高，她拿了7年一等奖学金，4年本科+3年硕士，年年专业第一，保研！但是，她选的专业根本不适合女生！土建工程，天天在建筑工地上风吹日晒，和乙方的包工头拍桌子骂人，这些几乎不是女生可以胜任的，而且她自己也根本不想做那样的工作。换专业找工作？而她又已经被“好成绩”弄得面色灰暗、头发蓬乱、胆小羞涩、生硬呆板，除学习外别无所长。

在我的询问下，她说，她曾是父母最大的骄傲——从小到大成绩好，从来不让父母费心，大学考得好让爸妈很有面子，连研究生都是保送。但在校招季到来的时候，骄傲感被一点一点磨光了，父母开始越来越担心——因为她连一次二面都进不了，已经被多个公司拒过。

是的，作为HR我心中很清楚，她的简历非常漂亮，非常吸引目光，但她只要进一面就几乎肯定被淘汰，因为她在心理上、行为上、状态上都还完全没有为踏入社会做准备。企业不需要好孩子、乖宝贝，企业需要的是独立、担当、有想法、能适应社会的成年人。

例子二 关于招聘一名HR副手

那年我们的工作任务颇重，而副手又因为工作出色，在春节前升职调岗，所以春节一过便急忙开始给自己招副手。

由于公司一直偏好招收应届生做内部的培养与晋升，所以之前很少通过社会招聘引入重要岗位的HR。总的来说，HR属于市场供应量比较大的职能（每个公司都用），春节后又正是招聘的好时机，之前没想到有太大难度。但事实上，这个岗位从3月初招到6月末，才基本落定，候选人见了几十个，简历筛了数百份。

当时要求副手岗位需要具备8年左右的HR从业工作经验，而且要有比较好的专业基础，所以找到的多是硕士毕业七八年甚至更久的候选人，也有本科毕业10年左右，在职拿下硕士学位的。

但这些候选人太出乎之前的意料！不少人都已经在HR的道路上走了很

久，却没有抓到做HR的要领；或者有的候选人根本就不适合做HR，这意味着他未来发展的空间会非常有限。

有这样几个典型代表：

某A，“985”的硕士，毕业后进入某国有背景地产集团，工作7年，一直在做HR专业工作，他说似乎在5年内都看不到上升的机遇，因为上司年轻且升职不久。而A自己，经过6年的社会磨砺，气质中的生涩感却还未褪去，言谈间尽是书生意气。如果我是他的领导，我也不会进一步为他升职，所以淘汰。对他本人来说，再过三五年，职业困境会更明显，因为很可能还是升不了职，但年纪却又越来越大了。这是典型的没有选对适合自己的职业。

某B，“985”的全日制MBA，在交通运输行业七八年，当时在某交通类公司任公司的HR负责人，简历上的内容让我们都充满了期待。但面对面一谈，看到的却是一个言谈嗫嚅、思路不清、形象气质非常不堪的候选人，已经35岁上下了，面谈时竟还会紧张得声音发抖。难怪他对薪资的期望还不及我下属里中级专业岗位（更不用说高级专业岗位和管理岗位的下属了）的薪资水平，当然他对专业的见解也未必比我的那些专业岗位的下属强。他所在的行业决定了HR管理的难度不大（管理对象以司机、调度类人员为主），而他本人在专业上、管理上未能很好地适应个人成长所需。

某C，大学毕业已经十五六年，年近四十，经历数家外资企业，目前在港资公司任内地办公室的HRD，其间还拿到某外国院校的MBA证书。不说这个MBA证书的含金量高低，单说十五六年前的大学毕业生还是不容易的（当时考大学上线率太低），何况已经位至HRD。

但面谈过程中，发现数年的职业生涯并没让其对行业有深入的理解，同时HR的专业水平仍欠火候，谈专业问题时缺少深度，对人的理解与把握也有欠缺，当然，薪资水平也一般。所以，最终也只能以发感谢信结束。

外企，曾经让多少人向往，多少人曾以此为荣。但这个选择到今天，真还是那样光灿耀眼吗？外企，真还能带给我们那么大的职业价值吗？

当我们毕业五年、八年、十年时，回望来时的路，当初的选择是否正确、努力是否到位就会比较清晰。但可惜的是，我们从来不可能提前站在十年后的那个路口张望，而十年后真的站在那里时，所有的对与错都已经成为了生命中无法改写的一个部分。

招副手的时候，帮我筛选简历、找候选人的，是刚入职不久的一位应届MBA，也是晚我8年的校友师弟，当时入职时间不长，对职业充满了美好的想象与期许。完成这次招聘时，他职业危机感骤升——原来不是每个人工作十年八年之后就一定能够变得出色的啊！

对，这就是现实！

“选择比努力更重要。”选择，从高考之后的填志愿就已开始，直到真正完全离开工作岗位时才最终结束。包括专业的选择、行业的选择、职业方向的选择、职业突破点的选择，甚至对老板和平台的选择，选对了抵过数倍甚至数十倍的努力；选错了，可能要颇费周折才能找到属于自己的位置，甚至还可能难以找到机会回转，让自己的整个职业生涯后悔不已。

这不是危言耸听，励志故事常有，但周围天天发生的不够“励志”的故事更常有。

这里，我们就从选择的第一步，从高考志愿开始说。

二、填志愿的风险在哪里？

其实，包括自己在内的许多当年的小伙伴，那时都是稀里糊涂地选专业。但好在70后毕业多在20世纪90年代，最晚也在新世纪伊始。大学扩招前，一届才六十多万大学生，不到现在的十分之一。所以当时选错专业带来的风险比较小，工作总是有的，而且都是体制内的单位；如果不愿意去，也可以自己找工作。虽说岗位不像现在这么丰富，但有一纸大学文凭找工作还是基本没问题的。

所以，那时候更关注能否考得上，只要能上大学，工作、分房都会如期而至。

但如今，每年七百万左右的毕业生，足以让每个毕业生都精神紧张、严阵以待。

那么，如果希望自己在择业的时候多一点从容，那就在选专业的时候多一份认真吧。

对于一个十七八岁的孩子来说，甚至对于他们的父母来说，在这个时候做一个正确的专业抉择太难了。为什么呢？

做出正确的选择，需要完整的信息做支撑：选哪个区域的学校更好？目标专业在哪些学校学更好？这个专业究竟是做什么的？这个专业到企业中会变成什么样？专业适合自己吗？未来的工作会是自己想要的吗？……

这里面存在诸多的信息不对称。

多数孩子与家长对高校没有太多了解，除了知道最牛的几个大学外，其他的看上去好像都差不多；但能上TOP3、TOP5、TOP10甚至列入“985”的那39所学校的孩子毕竟太有限。对于全国剩下的共计几百所高校怎么评价？即便分数线不错，在分数允许的那二三十所学校中，我们怎么做选择呢？

选专业更是一片迷茫。许多听上去高大上的专业，四年之后、七年之后，真的会变成高大上的工作吗？那些名字漂亮的专业真的适合自己吗？

家长、学生与高校、专业之间有道屏障，学校、专业与企业、职位之间，有一道更厚的屏障。再加上，家长对学生、学生对自己，可能都还没有充分的了解与认知。

本书的这个部分，就把这些屏障拉开一条缝、透过一线光，让我们看得清楚一点，做决定的时候心里有底一点。

网上常能看到一些段子，调侃各个专业想象中的样子和现实中的样子。虽然段子是逗乐的，但未必没有它的现实基础。

学金融，未来可能在银行的前厅销售理财产品，而且还不是正式编制；想尽各种办法挤进银行，也是做前台的柜员，同时还要完成揽储任务。

学英语，会发现所有的毕业生都会这个专业，而且他们还会自己的专业，所以基本上没有单位需要纯英语专业的人，进学校当老师还需要教师资格证。

学会计，找工作的时候才知道原来几乎所有的大学都可以开这个专业，而企业似乎不需要这么多会计。

学法律，未来更有可能的不是在法庭上慷慨陈词，而是根本找不到专业对口的工作，或者要在律所拉业务糊口。

对自己的未知、对专业的未知、对企业需求的未知、对未来的未知，再加上家长不够与时俱进的想法和对孩子习惯性的命令，这些，全都是填志愿的风险。

对于填写志愿时的选择困难，这里先给一个简单的选择模型，我们要在能够（Can）、喜爱（Love）和赚钱（Pay Well）之间找到一个可以接受的平衡点。

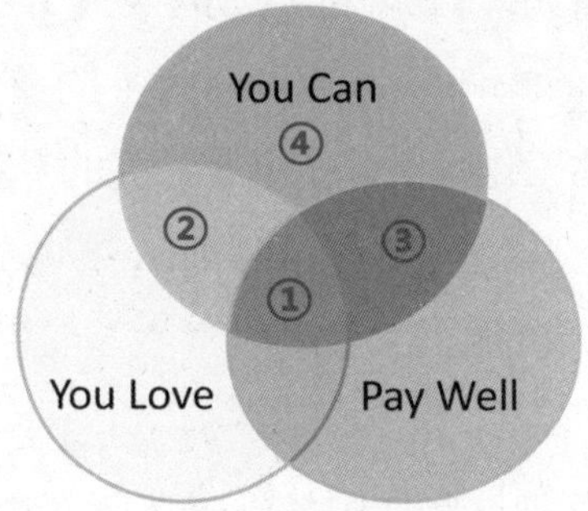

职业选择模型

能够（Can）：你具备从事这项工作的能力，包括技能、体能、智能等等。一个人能够做的事情是很多的，比如你学平面设计专业的，除了能够去做一个平面设计师之外，还能够做一些专业之外的事——接待来访、跑业务，甚至会做饭的可以当厨子，或者游泳水平很高的可以去做游泳教练。

喜爱（Love）：能够让你充满热情与激情，以上例，一个学平面设计的人可能并不真正地喜欢他的本专业，而是享受当游泳教练的状态。那他喜爱的工作就是教游泳而不是对着电脑画图。

赚钱（Pay Well）：这个社会可以为之支付较高薪水的，这里以某职业的社会平均水平计。比如，在普通的健身房或游泳馆教游泳一个月最多收入8000元，做平面设计最初可能只能赚到四五千元，但成为熟手之后月薪可以到达2万元以上。

最幸福的选择在①，在这里选择了一个自己喜爱、又擅长、又能在未来获得好收入的工作。如果有机会做这样的选择，应该没什么好犹豫的。但这里所包含的选择就有好几个方面——了解自己的能力，了解自己的偏好，选择了合适的专业，找到了合适的平台与岗位，遇到了好的上司与发展机会……

所以，这样的好运常常属于隔壁老王家的小王，我们总是要去面对不那么完美的现实——可能不是太有兴趣，可能未来不挣钱。

比如最后选定的是②区间里的，自己很感兴趣也做得了，但就是不太赚钱。凡·高基本就是这个区间的典型，他对绘画创作的极高热情，带给了他艺术的享受与成就，但一生穷困潦倒，需要靠弟弟的接济才能维持生活。有多少人可以为了理想放弃基本温饱的生活？这不是写剧本或是写报告文学，而是谋划自己的人生！

再比较区间③代表的是你可以做，也能挣一份不错的薪水，但那并不是你最热爱的工作。现实中的很多人做了这个选择，以远赴美国求学就业的许多人为典型，许多原本学语言、学历史甚至学艺术的人，去美国后选择学习计算机专业，因为是这个专业能够让自己比较体面地生存下来。那么能不能为了生活的体面而放弃自己的热爱？这是价值观的问题。

最可怜的是④类，既不能做自己喜欢的工作，收入也不太理想。什么情况会变成这样？选的专业不对，就业时的选择又不对，然后个人在各方面的努力与成长也不给力，最后只能如此苟且地生存。这样的例子少吗？其实是太多了。那些被城管追得四处逃窜的小商贩当真热爱当街叫卖？那些流水线上的小工当真喜欢天天加班、喜欢毫无生命力的重复？但没有其他的选择啊！

其他还有一些，可能是你非常喜欢或很赚钱但你没能力做的事情，比如做一个电视主播或是做微软的新任CEO。对未来的思考要更客观一些，要基于个人能力的基础。本书不是心灵鸡汤，并不准备告诉大家只要努力一切皆有可能。不基于现实的梦想就只适合在梦里想想，清醒的时候仍要理性地面对自己。

那么问题来了，我怎么知道自己喜欢什么工作？相比起那些不熟悉的岗位名称，我可能更喜欢聚会唱K和打游戏。有些听上去不错的工作，我怎么知道我能不能做、能不能被选上？就算我找了一个自己非常喜欢的工作，我怎么知道未来能不能赚到养活自己的钱？还有没其他的客观因素在影响我的选择和我的未来？

接下来的章节帮助大家做这些分析。

三、个性匹配有多重要？

面对选择，外部的一切都是次要的，自己才是重要的第一变量。

但并不是说，自己想做什么就选什么，由着性子来，最终结果往往是以后悔结尾。先看“自己”，更多应该看自己“能”做什么，而不是“想”做什么。我们绝大多数人还没有资格任性到“只做自己想做的事”。另外，17岁的时候，基本还想不清楚这辈子想做什么。从心理学的角度来说，对自己职业方向产生比较明确稳定的想法大概在21～24岁之间。

对于没有社会经验的同学来说，“想”到的多数是通过电影、电视、网络包装过的一些工作场景。但要知道，写那些剧本的是编剧，而不是企业职员，编剧根本没在公司工作过，所以那些不足以作为自己人生的参考。

“能”做什么，更多的还是从自身客观所具备的“条件”来看的。

自身的条件有很多，但有一些是可以改变的，这一类通常与技能有关。比如现在不会做饭，不代表不能通过练习变成一名优秀的大厨。技能类的条件，多数可以通过练习和熟能生巧来解决，如开车、打字、洗碗、刷墙等。当然也并不绝对。体操、高台跳水也都是技能，但高中毕业还没接触过，那就不可能再通过练习变成第二个李宁或田亮了，这部分属于需要拼年轻、拼天赋的技能。

自身条件中非常难以改变的是人格特质，或者说是我们通俗常说的个性，俗话说的“江山易改，本性难移”就是说这个事。人的这部分特点与生俱来，再加上家庭的十余年熏染，到高中毕业时已经基本成形，除非遇到重大心理冲击，否则很难出现明显的变化。

那么，对于这种相对稳定、难以发生变化的变量，我们在做选择的时候就应该特别关注，因为一旦做出的选择与之相悖，带来的麻烦将是长久的、难以改变的。

以第一节所谈到的招HR的例子来看，某A就是这样的典型——比较偏研究型，对理论偏爱有余，对人的感受力有所不足，如果选择做人力资源管理咨询工作或者更加适合，但职业空间比较有限；转做企业HR，由于个性特点则空间更加有限。所以，最好的选择是当时不要学人力资源管理专业，如果当时他选择的是战略管理、市场研究甚至金融学，可能都会让他在专业道路上走得更顺心一些。

这就是人格特质（个性）对人在专业选择上的影响。

从心理学的角度，不同的人格特质确实在职业选择上是有不同的，所以有“职业倾向测试”，从思考模式、判断模式、内外向等方面进行评价进而给出职业方向的建议。

通常大学毕业生在找工作的时候会考虑做这个测试，但个人建议在高考选专业前，就测试一下，避免选择专业的时候，出现过大的偏差。一些内向羞涩但专注力足够的孩子，选择专业度高、需要潜心研究的专业，一定好过选择新闻、营销之类的岗位；而头脑不够灵光、想法从来只敢走寻常路的人，建议不要选择创意、设计类的专业，未来会做得非常辛苦。

功利一点说，对大多数普通人来说，去做一个自己并不讨厌而且还有能力做出些成绩的工作，更能让我们轻松、愉悦地迎接未来的生活。

对于人格特质的判断最好通过科学的工具（心理测试），而不是父母亲戚的感觉。为什么呢？因为亲人的判断往往带有太多的感情色彩，难以呈现人的客观本原；再者，具备心理学知识的父母毕竟是少数，即使判断客观切实，也无法对人格特质进行科学的归类和建议。

关于科学的测量工具，这里只讲与职业发展有关的两个运用比较广泛的工具，一是霍兰德职业兴趣测试，二是MBTI测试。

霍兰德职业兴趣测试

约翰·霍兰德是美国霍普金斯大学心理学教授，美国著名的职业指导专家，关于他的生平与学术资料，可以通过百度获得足够丰富的信息，在这里不多介绍。霍兰德职业兴趣测试是目前在职业选择领域应用最为广泛的心理测试工具，对职业兴趣的描述通俗易懂，对职业的指导比较具体。

但在进行具体的测试之前，还是需要好好了解一下他所提出的六大职业分类。这里几乎包括了各种职业人群，可以帮助我们对职业有一个比较总括的认识。

霍兰德归纳的六大职业类型包括实用型（R）、研究型（I）、艺术型（A）、社会型（S）、企业型（E）、事务型（C），总称为RIASEC。这些类型代表了什么意思，对职业的指导意义何在？

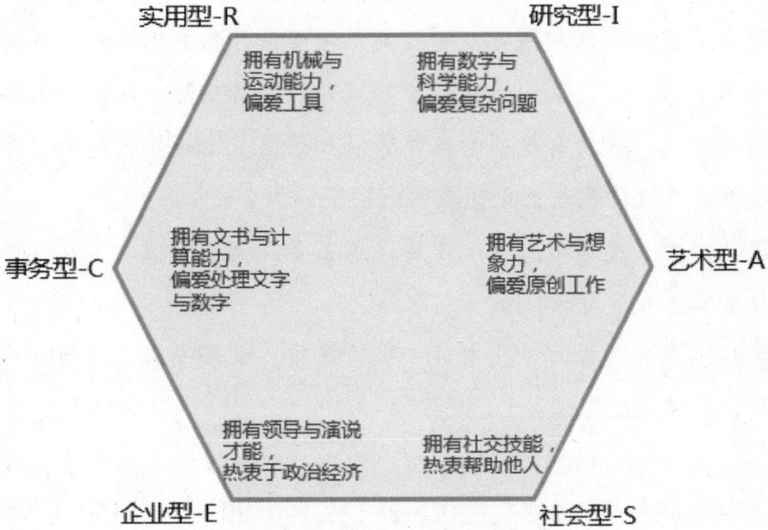

霍兰德RIASEC六角模型

我们先看上面这个职业分类模型，图中将六种职业类型标在了一个六边形的六个角上，在霍兰德的理论中，一个人常常会在2～3个角上具备职业兴趣，其中一个角具有更大的优势。而一个人同时具备职业兴趣的2～3个角通常是相邻的（比如事务型C+实用型R），如果在这个范围内做专业选择，未来发展相对平顺；但处于对角的两个类型不太可能在一个人身上同时出现（比如研究型I 与企业型E），如果在选择专业时选了完全不适合自己的那个类型，未来很可能碰到不少发展困境，之后的调适成本（尤其是时间成本）不小。

接下来，我们对每一种类型进行细致的解释，以方便大家理解和对号入座。

一个人在自己的职业倾向范围内就职，能使自己更轻松地、更游刃有余地工作，更容易达到胜任的状态，同时工作也更能带来快乐，而不是"拧巴"地工作着。

● **实用型（R）**

人格特点 具有顺从、坦率、谦虚、自然、实际、有礼、害羞、稳健、节俭的特征，愿意使用工具从事操作性强的工作；动手能力强，做事手脚灵活，动作协调；不善言辞，不善交际，较缺乏人际关系方面的能力；喜欢有规则的具体劳动和需要基本操作技能的工作，不适应社会性质的职业；重视具体的回报，如金钱。

职业类型 技术类工作、需要运用工具或操作机械的工作；避免社会性的职业或情境。

职业举例 工程师、技术员、机械操作、维修安装、测绘人员、制图员、机械装配等。

简单地说，这一类人喜欢操作机器、工具（如使用挖掘机）之类，工作不太需要动脑子思考，按既定的程序做事（操作）就可以，对技能的要求也不会太高、太复杂。

太麻烦的技术、太复杂的人际，会让他们觉得不舒服、不适应，所以避免太多与人交往。

● 研究型（I）

人格特点　具有分析、谨慎、批评、好奇、独立、聪明、内向、条理、谦逊、精确、理性、保守的特征；抽象能力强，求知欲强，肯动脑筋，善思考，不愿动手；喜欢独立和富有创造性的工作；用研究的能力解决工作及其他方面的问题，即自觉、好学、自信，重视科学，不善于领导他人；重视知识的获取和学术的成就。其典型的职业包括科学研究人员、教师、工程师等。

职业类型　科学研究、科学试验方面的工作；避免企业性的职业或情境。

职业举例　自然科学和社会科学方面的研究人员、专家、学者，各类工科专业的工程师、技术人员、飞行驾驶员、计算机操作人员等。

这一类人，比实用型的多一些思考和研究，但少一些动手操作的技能；他们有智慧但不善社交。他们思考的对象以事物、原理、技术为主，比较少思考人的感受。

管理团队对于他们来说，将会是一个大的挑战，因为说服与推销对他们来说都比较困难。这一类人，向专家的方面去努力最合适，不要强求自己变成管理角色。

● 艺术型（A）

人格特点　具有复杂、想象、冲动、独立、直觉、无秩序、情绪化、理想化、不顺从、有创意、富有表情、不重实际的特征；富有表达能力和直觉、独立、充满创意、不顺从；喜欢以各种艺术形式的创作来表现自己的才能，实现自身价值；具有特殊的艺术才能和个性；乐于创造新颖的、与众不同的艺术成果，渴望表现自己的个性。看重用创造性的方式来表达自己的思想、情感。

职业类型 各种艺术创造工作；避免事务型的职业或情境。

职业举例 音乐、舞蹈、表演、绘画、书法、摄影等领域，主持人、演员、艺人、编辑、作者等，艺术、家具、珠宝、装修类的设计师等。

艺术型的人与实用型、研究型有着明显的差异，他们天生有一种突破规则的冲动，喜欢与众不同，对于各种形式的“美”有强烈的期盼，包括视觉、听觉、触觉……这些常常是与生俱来的，我们称之为天分。

如果让他们按照规程与标准一步一步完成操作工作，会让他们难以忍受；而他们的思考与创造，也很少与“科学技术”沾边。

● 社会型（S）

人格特点 具有合作、友善、慷慨、助人、仁慈、负责、圆滑、擅社交、善解人意、说服他人、理想主义等特征；喜欢从事为他人服务和教育他人的工作；喜欢参与解决社会问题、发挥自己的社会作用；喜欢社会交往。喜爱社会型的职业或情境，以社交方面的能力解决工作及其他方面的问题，缺乏机械能力与科学能力。非常看重增进他人的便利与福利。

职业类型 直接为他人服务的工作；避免实用性的职业。

职业举例 医疗、教育、服务业等领域里的工作，比如教师（特别是面对低龄人群的）、医护人员、行政后勤类人员，以及服务行业的管理人员和服务人员等。

这一类型的人喜欢打交道的对象是“人”而不是“机器”或“物品”，他们富有同情心，为他人服务会感觉比较舒服，也更能获得成就感。

但是他们常常缺少技术方面的能力，所以最好避免参与机械操作类的工作（即实用型的人喜欢的那些工作）。

- **企业型（E）**

人格特点　具有冒险、野心、独断、冲动、乐观、自信、追求享受、精力充沛、善于社交、获取注意、知名度等特征，具有领导才能，喜欢竞争，敢冒风险。但缺乏科学能力，重视政治与经济上的成就。

职业类型　组织与影响他人共同完成组织目标的工作；避免研究性质的职业。

职业举例　企业家、政府官员、商人、企业的各级管理者等。

这类人充满活力，合群，富有责任感，很能够鼓动、调动他人来达到组织的目标。但由于科学能力不足，所以并不是做研究、做课题攻关的好人选，所以要避免那些科学的、深奥的论题。

不少人会希望自己未来从事“管理工作”，但如果个人在“管理特质”上明显缺少，即使获得了管理岗位，做起来也很辛苦，而且比较难做好、做出色。

- **事务型（C）**

人格特点　具有顺从、谨慎、保守、自控、服从、规律、稳定、有效率等特征，但缺乏想象力等特征；喜欢按计划办事，习惯接受他人的智慧和领导，自己不谋求领导职位；不喜欢冒险和竞争；工作踏实、忠诚可靠，遵守纪律。

职业类型　各类文件档案、图书资料、统计报表之类相关的各类案头工作；避免艺术性质的职业。

职业举例　会计、出纳、统计人员，打字员，办公室人员，秘书和文书，图书管理员，旅游、外贸职员，保管员，邮递员，人事职员等。

这是我们常说的“安于现状”“谨小慎微”的一种人，他们乐于处理这些琐碎的、重复性的工作，不需要太高智慧也不需要太多体能，但需要耐心和细致。

但他们通常没太多艺术天分，面对非结构化的任务（需要自由发挥）时，他们会觉得很有压力。

霍兰德职业兴趣测试，可以帮助你找到自己内在的职业倾向，然后对照自己比较适合的2～3类职业，寻找未来的方向。

测试结果，可以作为自己高考选择专业的一个参考，也可以作为择业方向的一个参考，这样会比无目的地随便做选择更有效一些。

但测试也只是一个参考，并不建议用这个来决定自己未来的一切；而且由于心理测评本身最好有专业人员的解读，所以自己在家进行的测评，结果仅供参考。

迈尔斯-布里格斯类型指标MBTI

MBTI是帮助了解自己的一个好工具，是目前应用最为广泛的一个人格量表，有些企业把这个作为面试甄选的一个判断依据。MBTI是在著名心理学家荣格的心理分类理论基础上形成的，由美国心理学家布里格斯和迈尔斯母女创立。他们认为人的个性可以从四个角度进行分析，包括：外向E—内向I、感觉S—直觉N、思维T—情感F、判断J—知觉P。

驱动力的来源

外向型E	内向型I
喜欢与他人互动	喜欢与自己内心互动
积极活动	偏好内省
经验先于理解	理解先于行动
从外界获得心理能量	从精神世界获得心理能量
偏好新异刺激	偏好静态的外部环境

内向—外向，表现的是我们和外界相互作用的方式和能量疏导的方式。有的人在和其他人在一起产生互动的时候感觉到愉悦，喜欢沟通、分享，先行动后思考，这是外向型。有的人喜欢独处，不喜欢成为焦点，很少分享，注重隐私，听得多说得少，先思考再行动，这是内向型。

接收信息的方式

感觉型S	直觉型N
着眼于现实	着眼于未来
重视现实性和常规情况	重视想象力和独创力
关注具体性和特殊性，善于细节描述	关注普遍性和象征性，使用隐喻和类比
有条不紊的工作方式	跳跃性的工作方式
看重规矩，相信确定有形的事物	不拘常规，相信灵感和推断
倾向于观察具体事件	倾向于把握事件的全局
偏好已知事物	偏好新的思想观念

感觉—直觉，是指接收外部信息的方式。感觉型的人更容易接受有形的事物，用感官接收信息，比如触摸、听到、看到等等；直觉型的人相信灵感的推理，喜欢想象和新事物，对新东西有兴趣但掌握后又容易厌倦。

决策的方式

思维型T	情感型F
理性的思考更多	对人的感受考虑更多
公正，坚定，怀疑	温和，同情，体贴
倾向于分析性和逻辑性的工作方式	倾向于和自己的情感一致的工作方式
行为简洁、经济、带有批判性	行为期望他人认同
以客观原则为准	以主观价值观为准

思维—情感维度，关注的是一个人做决定/决策的方式。思维型的人偏好逻辑和公正，讲求标准，容易吹毛求疵，取得成就是他的目标，比较像我们

常说的“理智型”的人；情感型的人注意理解他人与和睦共处，能看到规则之外的例外，被人理解是他所希望获得的，生活中的“好好先生”像这一类。

生活的方式

判断型J	知觉型P
做事情有系统性	做事更加随性
时间观念严谨，认真对待最后期限	时间观念宽松，经常变动最后期限
看重工作结果	看重工作过程
倾向于解决问题	倾向于使问题带有弹性
认真完成预设目标	在获取新信息的过程中不断改变目标

判断—知觉，体现的是人对生活的态度。判断型的人喜欢订立目标，并按时完成任务，注重成果，并且也因为成果而感到开心。知觉型的人常常把玩乐放在工作前面，对于目标并不执着，容易改变，喜欢适应新环境、接触新事物。

了解各个类型的特征之后，我们作为使用者也千万不要望文生义给自己下结论，属于哪种类型还是要通过测试来确认更好。特别是，在每一种类型中，我们都觉得或多或少有一点像，这并不代表类型描述有误，而是绝大多数人在这四个维度上都并不是100%的某个类型，而是某种倾向更明显，比如：思维型T占主导，但同时也有某些感性的时候；外向型E的人也会进行自省等等。

MBTI测试结果是由四个字母组成的代表四个维度结果的代码，如ESFP、INTJ等，通过代码可以在线查询其所代表的个人特质，通过这个特质找出自己的主导面，再与未来的专业方向或职业进行匹配。

给自己半天时间，完全可以把这两个测试认真地做完，并且认真读完分析结果。

需要注意的是，测试完全是为自己的未来负责的，所以一定要按自己的真实想法去填，不要夸大、不要佯装，只有真实才能最好地帮助到自己。

自己通过在线搜寻，可以找到一些免费的测试题，但要注意题目本身的准确性，特别是经过改编的题目，很有可能因为改编能力的问题或是编辑的问题，造成测试结果出错。此外，我们也不仅仅需要得到一个代码和常规的解释，我们还需要看到深层的含意和相关的解释。

所以，如果有可能，通过专业咨询公司来完成测试并由咨询师进行解释、应用则最好。如果只是得到一个比较全面的测评报告，而不仅仅是一个代码，可以通过专业的在线测评来完成。

这里要做一个特别提醒，请一定注意区分“内向”与“怯懦”的差别，勿将怯懦当成了内向而予以包容。

个性有外倾、内倾之分却无好坏之别，但无论内向、外向的人，都应该是自信、积极、无畏、勇敢的，区别只在是否与人发生频密的联系而已。但有的同学不敢在陌生人面前说话，面对老师、长辈、陌生环境就说不出话或是紧张、语无伦次，这不是内向，是自信度与社会化程度不够的表现，需要的是自我训练与提高。

事实上，中国传统的教育模式，很容易让孩子变得胆怯、缺少自信。

传统的教育模式包括哪些不好的习惯呢？比如：

- 批评使人谦虚，表扬使人落后，所以即使孩子拿到98分，也要说不行，100分才是目标；
- 拿自己孩子的缺点和其他孩子的优点比较，从而一再否认孩子；
- 对孩子的兴趣与天赋视而不见，只以统一的“学习好”对孩子进行标准化的打造；
- 听话才是好孩子，不许质疑或违抗父母/长辈的说法、命令；
- 把时间都用在学习上，其他的事情都不用管；

…………

这些我们都非常熟悉的方式，一遍又一遍在为人父母者身上出现，殊不知这些都在潜移默化中打消孩子的自信、切断孩子的社会关联、扼杀孩子的创造能力，却为孩子种下了怯懦、自卑的种子。

这里还是要提醒为人父母者少用批评、否定来对待孩子，为人师长者多对学生进行鼓励和认可。孩提时代落下的“怯懦”病根，长大了要花数倍的能量去纠正，有的人可能缺少这方面的认识而受害一辈子。

社会并不需要只会听话顺从、依葫芦画瓢的乖孩子，而是需要有思想、有见地、有胆识、有社会互动能力的成年人，服从只是其中一种能力，有独立的思想、有创造的能力，才能让一个人的职业道路走得更远、走得更高。

四、职业的个性有哪些？

如果是在校的学生，不管是高三还是大四，其实对很多工作都是缺少感性认识的，择业时的想象与未来工作的现实难免存在差异，差异就会带来遗憾和不满。

因此，在这里有必要让同学们先了解现实中不同工作的不同“特质”。

首先看工作面对的对象。

实际的职场中，**一部分工作是主要与事、物打交道的**，非常典型的如软件工程、硬件工程、金融分析、机械制造、热能工程、高分子材料……（回想一下上节所说的“研究型”）

这类专业多属于理工类，专业性比较强，没有相关的教育背景一般难以入行。但这一类工作由于与事、物打交道更多，通常会比较“闷”，工作一天下来说不了几句话，所以出现了“技术宅男”一词。对于个性特别活跃、特别喜欢和人打交道的人来说，做这样的工作会感觉不快乐，哪怕是考进了好学校，毕业之后也在好的企业里有一份高薪的技术工作，依然会做得不快乐。

还有一部分工作主要与人打交道（回想上一节所说的“社会型”“企业型”），非常典型的如人力资源管理、营销管理、客户关系管理、新闻记者……

这类专业相对偏文，通常专业门槛并不高，许多非专业人士进入这个领域后也能做得很不错。这类工作，除了专业水平之外，更需要与人打交道的热情，以及比较好的情商。喜欢沉浸在自己世界里的孩子、非常强调自己个性和心情的孩子，如果非要学这些专业，以后会发现找对口工作比较难，即使找到了，做起来也觉得难受。

但是，不要小看这一类工作，虽然看上去似乎技术含量不是那么高，但它所需要的专业之外的素质却是未来进入管理层所必需的条件，所以不容小觑。

再看一个把自己个人特质与专业工作特质摆错位的例子。

某次校招中遇到了这样一位同学，某名牌理工院校本科+硕士，阳光、开朗、健谈的男孩子，K歌高手、校内知名主持人，各类活动的积极分子；但不太坐得住，花费一两个月深入研究一个专业课题对他来说真的就是一个挺大的挑战。

当年考大学选专业的时候，完全由父母做主选择了机械制造及自动化专业，父母做这个选择是因为他们自己熟悉这个专业，而且认定了有一门技术会比较可靠（父母在企业中做工程师），但他个人对这个专业完全没有任何热情。待本科快毕业的时候，父母建议他学完研究生再就业，由于父母对他的本科专业的情有独钟，而他本人对其他专业又不了解，担心跨专业考研失败，所以仍然选择报考本校本专业，又读3年。

到了找工作的时候，他觉得再也不能欺骗自己了，7年的学习让他对机械制造专业已经完全没有任何耐性，无法接受天天面对机器设备的工作，于是当父母安排他去一家大型企业做本专业工作时，他下决心拒绝了，因为不想一辈子都在做自己不乐意做的工作。他放弃专业找工作，投递营销类、策划类、商务类的职位，很辛苦，但他对此充满热情，希望这能够成为他人生的转折点。

总的来说他其实是挺优秀的毕业生，但在竞争中与其他人比起来相对优势不够突出（专业对口且各方面素质优秀的竞争者太多），特别是缺少经管类专业的熏陶，最终与我们公司的岗位无缘。虽不知道他找工作的最终结果如何，但可以确定的是，如果当年他和他的父母对他的个性以及所选专业的特点，进行了一些深入的了解和分析，他应该不会在一个他完全没有兴趣的专业上花费7年时间。如果他本就是学习营销管理或是人力资源管理专业的，在就业竞争中会有非常明显的优势。

另外，还有一些工作比较特别，如大学教授、医生。这些职业需要强烈的研究精神、专业精神，同时又需要良好的社交与服务意识，因此，这些职业需要研究型与社会型的结合体来胜任。

但现实中，很多研究型是比较典型的研究型，他们会在学习专业的时候表现出色，但运用专业进行服务的时候就颇为反感。这并非简单的服务意识问题，而是天性使然，这和一个理工男不喜欢诗词歌赋风花雪月基本是同一道理，所以我们也应该给予这些职业一些理解和包容。

那么，有志于这种类型工作的同学，也好好想一想，你是否喜欢现实中这样的工作性质呢？

再来看一下工作的舍与得。

不是所有的工作都是朝九晚五，也不是所有的工作都是“站着把钱赚了”，为工作，我们的付出是多样化的，当然，我们的收获也是多样化的。

付出包括些什么呢？

首先是付出时间。虽然也有事少活轻工资高的好事，但这种好事通常都是被别人碰上，对大多数的没有拼爹资格的我们来说一般只能碰到多劳多得、少劳少得的正常事，甚至还有多劳依然少得的倒霉事。那么，“多劳”到什么程度，是你愿意接受的？朝九晚五？朝九晚七？朝九晚九？每天24小时随时待命？

大多数能挣到高薪的职业和行业，在时间的付出上都非常苦，比如设计、销售、各类IT人士、医生……这些工作或者是当前经济发展的主流行业（所以竞争激烈），或者是技术含量高但人才供给不足的专业，或者就是要用时间换成果。

而收入水平相对较高的一线城市，工作压力与时间投入都比其他城市明显要高。

为什么每天晚上9点多腾讯大楼下有大量出租车排长队候客？为什么华为每天晚上9点发第二批班车？都是因为那个时间是他们的下班高峰期！

为工作投入时间，不是一周、一月、一个学期，而是年复一年地持续上十年、十五年，甚至更长时间，你可以坚持吗？如果没有Enjoy的心态，这将是一场持久的煎熬，有熬不住的跳楼的，也有熬出伟大来的。

看重感受生活的，就少选择竞争激烈的行业、避开一线城市。注意，这里说的是“感受”生活，而不是“享受”生活！就目前的国情而言，“享受”在多数时候还是比较需要物质做基础的。感受生活是指有时间去经历生活的许多细节，比如有时间经常和亲友聊天，每天都有时间亲手为家人烹制三餐，有时间看庭前的花开花落、天上的云卷云舒……

但是，“感受生活”也会带来其他成本，比如可能没太多的钱买漂亮的衣服、包包，舍不得买有机食品、进口牛奶，买房买车的压力也显得特别巨大，一碰上老人生病、孩子上学之类的事就捉襟见肘，难以为老老小小带来良好的生活品质。所以，有时间有空闲并不意味着永远有好心情去感受生活的细节。

此外，天天为一家人烹制三餐，是一份美好，还是无可推卸的生活压力？天天有空看花看云，是一份悠闲趣味，还是百无聊赖的打发时光？任何东西太多了，都会让人生厌，无论是忙碌还是清闲，但忙过了去找清闲相对容易，闲久了想进入忙碌的状态只怕拿不到入场券。

生活，是如此的现实和琐碎，如果你还没有弄清楚真正的生活是怎么回事，就别轻易下结论说自己真心喜欢哪一种、不喜欢哪一种，在你真正了解了生活的真面目之后，若连同它的副产品你也一并喜欢那才是真的喜欢。

同样地，愿意多付出，也要看清付出时间的背后更深地意味着什么——没时间享受花前月下，没空享受亲情时光，没空做美容，没空和老友聚会聊天，每天仿佛都在奔跑着前行。

伴随着时间的付出，健康也常常成为成本的一部分。

高强度的工作，意味着吃饭、睡觉都要受影响，快餐当家、天天睡不够，日复一日的疲惫最终让健康拉响警报，肚子越来越大、头发越来越少、越来越容易感冒生病，三十岁的人五十岁的心脏。虽然能买漂亮的衣服却穿不出漂亮的样子，虽然能在高档的饭店用餐却总是没有胃口。

年轻的时候，健康不是个事，永远精力充沛，但这样的好光景并不长。最终有一天，健康会成为一种可以拿来炫耀的资本。至少目前在我周边很多35岁以上的人，都在努力锻炼身体。年轻时对身体所做的一切摧残，身体都会在35岁之后一点不落地偿还给你。这时，还能够通过锻炼做补偿当然是最好的，但也有一些问题会跟随你接下来的几十年时光了，比如胃病、腰椎间盘突出、颈椎病、三高……

可能有人要问了，为什么不能二者平衡一些？每天在工作时间努力工作，下班时间努力休息，不是更好？理论上不错，但问题是这样的工作确实很难找到！

还有一个付出，是“尊严”。“尊严”，在这里是加了引号的，为什么？因为这里所谈论的并不是真正的尊严问题，比如被当众侮辱、个人形象或名誉被损等等，那些可以上升到法律层面的“有损尊严”不在本文的讨论范围，那也是完全不需要去忍辱接受的。

这里所讨论的“尊严”，就是个感受问题，对是否有损尊严了，每个人的阈值完全不同。

比如工作出了错被上司批评，对于有的人来说只要不是当着自己下属的面被自己的上司批评，都是可以接受的，哪怕是自己的上司暴躁一点、骂人粗鲁一点，比如“你TMD什么东西，这个事都能给弄砸了！”之类都不是问题。但有的人就完全不能接受负面的评价，点到为止的提醒还勉强可以，如果是接受诸如“你来上班究竟有没有带脑子？！”这样的批评，就会让他备感屈辱。

其实就是俗话所说的，有的人“面子薄”，有的人“皮实”。

许多工作都会让“面子薄”的人感觉不舒服，比如销售类的工作会经常面对拒绝，客户管理的工作经常会面对投诉或刁难，而所有做下属的都难免遇到被上司批评的时候。在校园招聘中最常听到的一个职业理想就是“通过8～10年的专业工作，能够晋升到管理岗位，带领自己的团队”。但管理岗位，在从基层管理到中层管理再到高层管理的一系列上升的过程中，一直都会面对“面子”的考验。在中国目前的社会环境下，一被“骂”就受不了的人在管理的道路上很难走得远。

所以说，面子薄的人，选择技术性强的专业相对更好。因为面对人的机会比较少，平时与设备或是电脑打交道，内心被触碰的机会就会更少。

但是，这样的选择也会有另一个代价，就是升迁的机会也会比较少。对于20岁出头的人来说，向周围一看就属自己职位最低尚为正常情况，反正还有大把时间努力，但对于35岁以上、40岁以上的人来说，它又会成为触动内心的另一个麻烦。你真心觉得在自己40多岁的时候可以从容面对一个28岁的上司吗，即使他是个非常友好的人？

价值观的问题看起来挺虚，但其实对未来的影响非常大。这里不讲什么主义，只谈对人生价值的看法。虽然说当下的中国，总的来说比较功利，大家判断是否事业有成，就是看做到了什么位置、挣到了多少年薪，说人生是否得意，就比房子是否大，资产是否雄厚，但事实上，价值观还是有差异的。

在没有成本的前提下，当然是得到的越多越好。但问题在于，我们所有的获得都是要有所付出的。在面对人生与职业的时候，这个付出与收获的平衡点，体现的就是个人的价值观。

所以，哪些成本在你的价值观里是可以付出的？哪些是完全不能放弃的？得到与失去孰重孰轻？需要在内心做深度的权衡，然后找到自己的平衡点。

即将大学毕业的孩子恐怕还不能想清楚这样一个复杂的命题，更别说才刚刚走出高中校门的同学们了（事实上，许多人可能要到30多岁才真正弄明白这件事，有些人一辈子都没弄清楚）。

这时候，父母的阅历开始体现出价值，但并不是让父母把自己的价值观直接输入到孩子大脑里。两代人所处的时代和生长环境迥然不同，每一代人要面对的压力也并不一样，所以父母的价值观不一定适用于孩子所处的时代。再者，父母的价值观并不代表“最优”，虽然父母在家庭这个小环境里被尊为长者，但他们在社会中的属性却各有不同。在任何一代人中，佼佼者都是少数，如果父母未能有幸在社会中处于金字塔的顶端，那么强行灌输父母的价值观也许只能帮助孩子像他们一样在社会的中游甚至底层游弋。

在我的家乡，有不少成年的子女留在父母身边，做着一份收入很低的工作，甚至找不到工作天天在家赋闲，父母用微薄的退休金供应这样“大龄孩子”的一日三餐，还出钱为孩子养育下一代。父母虽有微词，但总不能扔下自己的骨肉不管！事实上，在当代的中国，“啃老”并不是一个新鲜词。原因在哪里呢？与父母的观念及其在子女那里的传承不无关系。

那父母可以帮助孩子什么呢？告诉孩子生活的真实面目，告诉他们要相信花前月下的美好，也要接受柴米油盐生老病死的现实。父母最好不要因为自己还有一点经济能力或者还有继续赚取工资的可能，就告诉孩子可以随便去做任何想做的事而不考虑其他。

父母终会老去，孩子最终要独自去面对这个世界和残酷的生存竞争，与其让他更晚才醒悟而后悔当初，不如让他在刚刚成年的18岁就明白这一切，不浪费一点时间。孩子内心的责任感、使命感是父母留给孩子最有价值的财富，这才是让父母们能够在百年之后真正安心的关键所在。

工作的个性，也分“男”“女”。

虽然我们一直在追求男女平等，但我们现在这个社会一直没能减少对女性的歧视，也没有反歧视的法律来保护女性。作为一名女性职业经理人，在这里要为女同胞们呐喊一声——希望社会的进步能够为女性带来更多的公平。

但女人在先天的生理条件上确实存在劣势，有一些专业女生还是不要去选择，尤其一些理工类的专业，如果未来不是进科研单位或进高校当老师，而是进了企业，工作环境并不是非常理想，而工作中的体力付出也很多，对于每个月都要面对生理周期的女性，还是能回避就回避吧！而且，这些专业给女性留下的发展空间非常有限，有的甚至根本就不会招录女生（虽然在招聘需求中并不会写明）。

在选择专业的时候，还是最好承认男女在体力上的差异，那些主要通过思考就可以完成的工作，如设计、编程、金融、语言等等，男女的差异非常小；但那些需要脑力+体力才能搞定的工作，如汽车制造、石油勘探、化工工艺、土建工程……这些专业名称都听上去很MAN，女生还是考虑离远一点吧。

同时也劝女同学和女同学的母亲都放弃那种不爱红装爱武装、谁说女子不如男的倔强。现在的小女生，最终也都逃不过岁月的洗礼，如果不准备让她的职业道路在40岁上下戛然而止，在选择专业的时候就要为未来考虑得长远一些，否则很可能还要在未来再次面对选择和压力。

当然，所有的选择都并不能保证我们一生一世如何，我们只是在做选择的时候尽量审慎，尽量减少因为选择失误而带来的不必要的麻烦。

岗位会出现在哪里？

工作还有一种个性，就是未来这个岗位通常会在哪里出现，也就是说在哪一类的企业中出现。在“成本优先”型的组织里，员工收入通常没有太强的竞争力（同岗跨行业对比），而“技术领先”型的组织，收入通常会让人羡慕。

打个简单的比方，同样是做会计，都需要专业的教育背景、会计从业资格证以及3年的工作经验，都一样担当着各类账务处理、税务处理的职责，但一个是在房地产公司，另一个在某芯片加工企业，很可能工资会相差一倍，随着经验的增加，这种差距还会越来越大。

为什么呢?

就中国目前的经济现状来看，生产型的企业，也就是通常说的制造业、工厂，主要还是以“成本优先”的战略为主。“成本优先”简单地说就是想尽各种办法压低生产的成本从而能够用低价在市场中获得竞争力（低价竞争是他们唯一可选的途径，因为没有过人的创新能力），我们制造大国的地位也是因此而来的。这类企业的战略决定了“人工成本”在其中也会被努力压得更低，同时，也由于制造业的标准化程度比较高，对生产过程就没有太高的技术要求，所以对人才的“质量”要求也并不高，因此用较低的人工成本也能获得所需人才。

比方说最有影响力的工厂富士康，除了一线的生产人员，也会配备不少专业技术人员。作为代工企业，产品的外观、参数、材料等各项指标都由甲方提供，工厂基本是按照要求做就可以，当然为了可以让这些要求都很好地达到，也需要技术人员对一线生产工人进行指导。但对工厂技术人员与对甲方技术人员专业能力的要求显然是不一样的——甲方是能够提出标准和要求的人，能力一定强过加工厂里那些只能够按标准执行的人。

技术领先型的企业就截然不同。当企业是通过创意、创新来获得竞争优势的时候，人的因素就会突显出来，因为创意无法通过机器、生产线来批量产生，而必须通过人的大脑。这时，企业对人才的“质量”要求变高，而压低人工成本不会是他们的主要任务；因为这类人通常因为相对稀缺，所以市场价格也更高；同时，技术领先型的企业的盈利能力会比较高，支付薪酬的能力相对也就会比较强。

这方面的代表也很多，最常见的华为、腾讯、阿里等等IT企业，都是靠技术赢天下的，校招的时候这些企业的号召力相对都比较强。但互联网企业比IT硬件企业更强调技术研发，而基本没有生产环节，所以我们可以看到腾讯、阿里的给薪常常高过华为。给2015应届毕业生的薪资，阿里、百度、腾讯都已逼近甚至超过20万元，而在普通的工厂里，一个厂长可能也就只有20

多万元的年薪。

这就是不同类型企业的薪资差距！

除了传统的生产与技术的差异外，另外一个重要的生产力是“资本”。在后工业化时期，资本的力量愈显其强大。因此，资本密集型的企业通常具备更强的盈利能力，而人工成本在其总成本构成中占比微乎其微，而一个具备足够Talent的人给企业带来的运作收益却通常是以千万计的量级。所以资本密集型的企业在员工薪酬方面通常极具吸引力，这也是投资银行、金融公司的员工年薪非常可观的原因。

把这几个要素比照到热门的房地产行业，房地产公司是资本密集型的，相关的设计公司、营销顾问公司是技术领先型的，而各类施工单位则是典型的强调成本控制的企业，所以这三者之间的薪酬关系也就不言而喻了。

为什么在这里说这些呢？因为有一些专业未来注定要在工厂环境中发挥价值，比如：金属材料与热处理、高分子材料与工程、工业自动化、工业催化、染整工程、精细化工……这些都是随便在专业目录中捡出来的几个专业。如果未来不是放弃专业就业，那很有可能的工作地点就是工厂。

并不是说工厂不好，也不是说我们的就业就只是奔着高薪去，我们所做的一切并不只是为了挣钱。在我们做选择的时候，需要看得远一点，知道选择背后所蕴含的各种好与不好。

我们都会尊重那些放弃都市生活去乡村支教、去做公益事业的人，只要他们能够无悔于自己的选择，能够享受那样的生活。

但毕竟当下的主流价值观还是通过薪酬看岗位和个人价值的，所以如果你没有与大众不同的价值体系，那么在做专业选择的时候还是多一些慎重的思考。

五、专业选择要与时俱进

在考虑专业的选择时，时代的变化是一个不得不关注的要素，也是父母经常犯错的地方。

前例中，那个选了土建工程的女孩，当时她的父母就是觉得这个专业是有难度（有技术）的理工科，以后有一门过硬的技术就不愁没饭吃。确实，这个专业的专业性比较强，但不适合女生。在地产行业里，土建专业的价值通常低于电气、暖通专业，特别是当下，住宅地产微妙而商业地产空前繁荣的时期，电气、暖通专业简直就是大热之选！

如果这个女孩选择了可以进设计院工作的建筑电气或者暖通专业，或者选个没那么热门的结构工程、土木工程，以她优异的成绩和好学的态度，进一个甲级设计院几乎没太大难度，而且未来发展空间也不错。

家长在帮孩子做专业选择的时候，有一个最大的问题，是代沟。这个代沟，我们不说心理意义上的，更多是时代造成的。

现在的毕业生以90后为主了，而他们的父母是60后为主。在60后的父母年轻时，他们的职业成长阶段，是上个世纪八九十年代，那时，非常流行的一句话是“学好数理化走遍天下都不怕”。这句话在社会处于农业化社会向工业化社会转换的背景下是非常正确的，但是在后工业化时代，在信息技术业、金融业疯狂生长的今天，在互联网技术以迅雷不及掩耳之势改变各个行业的时候，这样的说法就未免有一点过时了。如果有类比的话，工业化时代所急需的工业技术（如机械加工、印染技术、热能工程等）就像是信息化的今天所急需的IT技术（如通信技术、软件工程等），而工业化时代曾热门的专业在今天可能已经是明日黄花。

事实上很多家长在帮孩子做选择的时候，更多的是想当年自己身边的人学过什么东西、拥有什么样的发展；再就是看身边的其他人或是其他人的孩子选了什么专业、做得怎么样。这时候很可能为孩子做出一个不太恰当的选择。

所以说，如果父母想为孩子提供一些真正有价值的建议，那还是请先放下过去的老皇历，跟上这个时代的步伐，为孩子提供一些不让你和孩子后悔的建议甚至决定。

我们来看一个简单的对比，高考选专业的时候最受欢迎的专业排行榜和毕业时薪水的排行榜、就业率的排行榜，可以看到选择专业时的个人偏好度与就业时的市场偏好度缺少相关性。再仔细看一下，又可以发现选专业时容易被选上的还是那些专业名称通俗易懂的或是名字看起来很高大上的。但“专业名称通俗易懂”或者“高大上”根本不是选专业需要考虑的要素啊！

最受青睐的十大高考报考专业

文科	理科
会计学	生物科学
国际经济与贸易	土木工程
新闻学	车辆工程
法学	电子信息工程
国际政治	通信工程
英语	电气工程及其自动化
物流管理	机械设计制造及其自动化
工商管理	计算机科学与技术
广告学	交通运输
中医学	软件工程

注：以上数据来自高考网

毕业半年后收入最高的本科专业TOP10

专业名称	月薪（元）
建筑学	4757元
金融学	4407元
软件工程	4406元
城市规划	4388元
电子商务	3953元
网络工程	3950元
计算机科学	3931元
经济学	3924元
审计学	3918元
通信工程	3902元

毕业半年后就业率较高的主要本科专业（前50位）

	专业名称	就业率（%）		专业名称	就业率（%）
1	建筑学	98.3	26	土木工程	93.9
2	安全工程	96.9	27	信息工程	93.8
3	地质工程	96.7	28	机械设计制造及其自动化	93.7
4	机械电子工程	96.6	29	工业工程	93.7
5	护理学	96.1	30	物流管理	93.7
6	给水排水工程	95.9	31	船舶与海洋工程	93.7
7	地理信息系统	95.6	32	汽车服务工程	93.6
8	工程管理	95.3	33	电气工程及其自动化	93.5
9	矿物加工工程	95	34	软件工程	93.4
10	信息管理与信息系统	94.9	35	建筑环境与设备工程	93.4
11	电子商务	94.9	36	审计学	93.3

（续上表）

	专业名称	就业率（%）		专业名称	就业率（%）
12	采矿工程	94.8	37	旅游管理	93.1
13	学前教育	94.7	38	小学教育	93
14	热能与动力工程	94.7	39	计算机科学与技术	93
15	制药工程	94.6	40	日语	92.6
16	财务管理	94.6	41	机械工程及自动化	92.6
17	油气储运工程	94.4	42	自动化	92.6
18	市场营销	94.3	43	新闻学	92.5
19	车辆工程	94.2	44	广告学	92.5
20	交通运输	94.1	45	广播电视新闻学	92.2
21	园林	94.1	46	高分子材料与工程	92.1
22	教育学	94	47	中药学	92.1
23	材料成型及控制工程	94	48	人力资源管理	92.1
24	会计学	94	49	国际经济与贸易	92
25	城市规划	93.9	50	材料科学与工程	92

毕业半年后就业率最低的主要本科专业（最后10位）

专业名称	就业率（%）
物理学	85.3
生物科学与工程	85.7
化学	86.2
法学	86.3
生物技术	86.8
生物工程	87.1
音乐表演	87.6
动画	87.6

（续上表）

专业名称	就业率（%）
应用心理学	87.9
应用物理学	88

注：以上数据来自《2014年度麦可思—大学生就业年度指标》

2014年不同职位的应届生岗位竞争指数

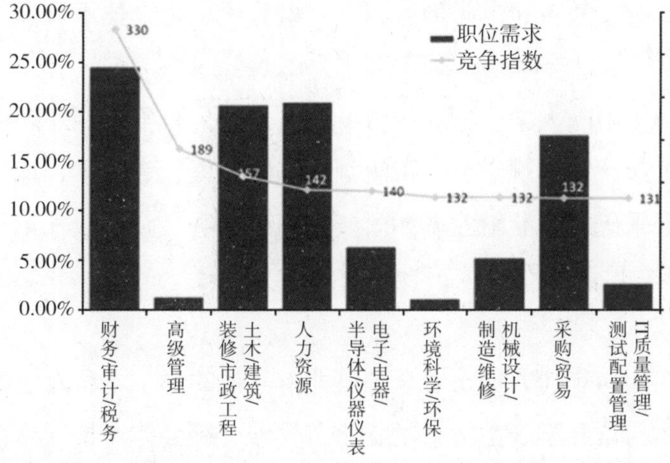

统计规则：基于智联招聘2010—2013年应届生招聘数据库的数据监测统计分析

数据来源：智联招聘（www.zhaopin.com）

数据定义：竞争指数=投递数 / 职位数

有些专业，在选择报考时就几乎已经注定了未来就业之旅的艰辛，不用去说收入的高低问题了，比如法学、化学之类。

关于各个专业在应届生就业市场上的受欢迎程度，还可以通过一些专业机构的数据看到，这里以智联公开发布的数据为例。

从智联的数据可以看到，对应届生需求比较大的是财务、人力资源、建筑/工程、采购/贸易、电子电器等，而环境工程、IT质量/测试等需求比较少，高级管理就更少了（正规企业极少会招应届生去公司做管理层的）。

2014年6月9日，由麦可思研究院撰写、社科文献出版社出版的大学生就业蓝皮书《2014年中国大学生就业报告》在北京发布。

针对不同专业的就业率调查，报告对失业量较大，且就业率、月收入和就业满意度较低的专业亮出“红牌”，报告将这类专业称为“高失业风险型专业”。本科中的“红牌专业”包括：生物科学与工程、法学、生物技术、生物工程、动画、美术学、艺术设计、体育教育。高职高专的“红牌专业”有：法律事务、语文教育、电子商务、会计电算化、生物技术及应用、工商企业管理、计算机信息管理、计算机应用技术。

而从《2013年中国大学生就业报告》可以看到，有不少专业在巨大的就业压力下异军突起，如建筑学、城市规划、车辆工程、金融学、地质、船舶与海洋、石油、采矿等专业就业率和薪资走高趋势明显，连续几年基本都是就业率和就业满意度高的专业。

教育部也在2014年10月颁布了全国就业率较低的15个本科专业的名单，包括：食品卫生与营养学、生物科学、旅游管理、社会体育指导与管理、市场营销、动画、知识产权、广播电视编导、表演、艺术设计学、播音与主持艺术、音乐表演、电子商务、贸易经济、公共事业管理。

从不同的地区来看，就业率比较低的10个专业分别如下——

北京：音乐学、社会学、法学、公共事业管理、应用物理学、新闻学、国际经济与贸易、表演、工商管理、经济学。

上海：汉语言文学、工业设计、法学、软件工程、行政管理、物流管理、公共事业管理、电子商务、市场营销、数学与应用数学。

广东：表演、应用心理学、新闻学、美术学、公共事业管理、汉语言文学、治安学、考古学、音乐表演、资源环境科学。

而被多个地区同时亮红牌的专业有——

市场营销：在山西、吉林、上海、浙江、湖南、广西等省市区就业率走低；

公共事业管理：在北京、上海、安徽、山东、广东、云南等省市“中彩”；

法学：仍是各地区就业老大难。

时代的发展变化，也常常超出我们的预测能力，行业的此起彼伏对经济学家来说也不是一个容易精准把握的事情。

我们需要看到的是经济社会发展的基本规律，工业化高峰已经基本过去，新兴技术将会带来新的经济增长点，那么与之相关的互联网业、信息技术、金融业等等会在未来引领风骚十数年甚至更久。但更远的未来会是什么？这些只能交给上帝的问题，就先交给上帝吧。

至少，选择专业的时候，不要选择一个夕阳行业所特有的专业。

在毕业的时候，一个具有优势的专业比学校更能让你具备竞争力，比如现在最为火热的建筑设计专业，一些很普通的学校的建筑学专业毕业生，都能够收到不错的offer。因为，学校能够提供的建筑专业毕业生的总量太低了，而社会的需求量实在太大。

当然，好专业往往招生的分数要求也会更高一些。如果某些专业的竞争过于激烈，也建议优先考虑学校的品牌，而不仅仅是专业。

除了专业度特别高的学科，还有很多工作对专业背景的要求不是那么绝对，那么好的学校，可以让你获得最初的机会。

毕业五年、十年之后，没有人再关注你是哪个专业毕业的，但如果你的母校是清华、同济、浙大，或至少是个一本院校，则通常很容易被人记住，一般都会比一个热门专业但没几个人听说过的学校更能形成影响力。

六、学校与区位的重要性

在学校和区位的选择这件事情上，学校的排名、专业的排名问题，在高校的排名相关的网站上，会说明得更加详细，这里从就业和个人成长的角度来看这个问题。

许多孩子在高中毕业的时候，都希望去一个离家比较远一点的地方上学，而很多家长又不太放心，孩子离自己太远，觉得照顾不到。

其实从小孩的社会独立性的培养、生活能力的打造这些方面来看，离父母远一点是一件好事——因为中国的父母实在是太喜欢帮忙了。如果孩子就在身边上大学，那十有八九是常常回家吃饭、衣服回家洗、周末回家过。孩子或许因此生活轻松一些，但把适应社会的难题留到了未来。

如果离父母远一些，碰到问题的时候，首先是自己去面对，和朋友、同学去倾诉，去寻找解决方案，而不是碰到问题就连夜赶回家，让父母想办法。大学其实就是从学校向社会过渡的一个非常好的平台，这个时候如果没有充分锻炼好独立自主能力，到了独自面对社会的时候就常常无所适从。对于大多数父母来说，能管得了孩子一时，却无法管他一世。尽早地让年轻人拥有独立面对和处理问题的能力，可以让他后面的生活更加从容。

但关于学校地点的选择并不止于此，成长只是一个次要的参考因素。因为即便在家乡上大学，也可以要求孩子减少回家的次数，也可以要求他自己去独立解决问题。

那么结合未来的需要，怎么来看学校和区位的选择呢？

那先说说这些年在校招过程中所看到的各个区域的特点。

首先说最熟悉的深圳。这里有唯一的一所大学深圳大学。从建校时间和学校排名来看，深大在大学院校里面并不显得出色，但是，这里的学生有个共同的特点——社会化程度比较高。

他们通常视野比较开阔，容易接受和适应新事物新环境，特别是对于希望进入一些新兴行业领域的同学来说，他们具备这样的一些优势。

他们的公司实习、实践活动比较丰富，对企业有一些感性认识，而不仅仅停留在教科书上。这跟深圳企业、公司数量众多且比较有活力有关系，深圳的大学生更容易获得在企业进行实践实习的机会。有过较多的实习实践机会，他们与成人社会的距离感就会比较小。

当然，深大里面有很大比例的同学是深圳土生土长的，或者是广东本地人，他们从小到大的生活环境，对他们的意识、习惯也会有不小的影响。

但话说回来，在专业深度、研究能力方面，深大的学生显得略逊一筹。如果是立志于科研、学术的同学，深大可能不是一个好的选择。

再说说本人非常熟悉的大武汉。武汉是教育重镇，全国的教育资源第一在北京，第二在上海，第三就在武汉。高校数量非常多，而且华中科技大学、武汉大学、中南财经政法大学，都属于大型的综合院校，所以这里的学生总量也非常多。

武汉的同学经常和我们说这里是应届生就业的重灾区。

武汉有大量的生源来自于周边的城市及省份，湖南、湖北、江西、四川等地方生源的学生占了相当大的比例。这些地方，都是属于资源相对不太丰富、经济不够发达，而人口相对密集的地方，这些地方的人通常具备吃苦耐劳、发愤图强的精神。所以，武汉学生的总体特征是能吃苦、很好学。特别是华科、武大、中财几个重点高校的学生，在英语水平、专业能力，包括专业论文的发表数量方面，都有明显优势。这一点在进行深度的专业面试的时候可以明显地看到。

武汉的学生很多也乐于去参与校园活动和勤工俭学，特别是因为家庭条件问题，而去做的一些为解决学费生活费而奔波的勤工俭学活动还是比较多的；同时由于这些学校的学术研究氛围和学习氛围比较浓厚，学生跟随老师做的课题研究也不少。但是囿于所处的环境，相对来说企业实践较少。也许和学校的课业压力有关，这里的学生显得学术气息更浓，社会化程度偏低，简单地说，这里的同学们更加单纯一些。但由于这里的同学多数很能吃苦也很好学，所以社会接触少这一劣势，在未来的工作上通过个人的努力可以在较短的时间内进行弥补，而且能吃苦、肯拼搏的特点，常常在未来的工作中颇受上司认可。

再看一下首都北京。这里高校云集、才子辈出，从才华来说，北京那些大家耳熟能详的一流高校，确实学生质量非常高。一方面由于高考的生源本身出色，汇集各地的尖子；另一方面学校的师资力量也确实有明显优势，让学生的思路和视野更宽广，更有学习的目标和动力。

典型的一个例子，在全国校招过程中进行综合能力测试的笔试题（简单地说就是测智商的试题）在北京区域的笔试结果，平均分比武汉地区要高出15%左右。当然武汉地区也会比其他的一些教育资源相对稀缺的地区高出15%左右。

同时由于北京是政治经济文化教育等等一系列的中心，所以这里的学生能够接触到的信息点更丰富。如果说，深圳的学生对经济类的信息接触更多更深的话，北京则除了经济之外，在人文方面又会胜出一筹。

见识本身并不能当饭吃，但是在谈吐中所流露出来的底蕴和自信，更能够打动面试官，可以更好地获得机会。

西安也是个教育重镇，对于西部来说，它是教育资源最为集中的区域。西安交大、西北大学、西安建筑科技大等等，考取的难度还是比较大的。

总的来说这里看到的学生学究气更重，与社会经济生活离得比较远。在我看来这与学校里面老师的气质和视野有很大关系。受限于当地的经济发展状况，这里的老师与企业交流的机会比北京、上海、深圳的高校老师肯定会少一些，所以传递给学生的价值观，更多强调学术、学业，而不是社会或企业。

也由于经济发展不平衡的问题，西北大片欠发达地区的孩子家庭条件很多不好，所以这里的贫困生明显比较多，而且是非常贫穷。贫穷，一方面会让学生显得不够自信，另一方面，他缺少足够的资金和机会让自己去扩大视野。

关于自信的问题，在后面的篇章里再进行叙述。

而也由于这样的一些特殊的地理条件所带来的特点，这里经济相关学科的学生，显得没有武汉、北京的学生有竞争力。

这里只说这几个比较有代表性的区域，其他地方的，教育特点或者说学生特点，从这样的分析角度，也可以略知一二。

区域对未来的就业竞争压力，也是很重要的一个影响因素。

在这里最先想说的是北京。

如果希望未来长期在北京发展，那么选择在北京上大学将具有比较好的区域优势。毕竟跟北京的诸多高校比起来，外地具有比较优势的学校已经比较少了，另外还有就近参加面试的优势。

但北京最大的问题在于竞争过于激烈。虽然政府机构、大型企业云集，但对于绝大多数毕业生来说，有很多地方是不能够提供岗位的。可以提供岗位的企业和单位对比毕业生的供应量来说，人均就业机会就相当堪忧。

在北京当地校招和社招的过程中都有这样的感受，那些颇有光环的知名高校毕业生，如果放在深圳、广州，将是非常受欢迎的人才资源，会受到极大的重视，但在北京很可能就泯然众人。这不仅仅会影响到毕业时择业，更会影响到未来的发展，因为未来也在跟一群教育背景优秀的人在竞争，本来在其他区域具有非常明显比对优势的学校，在北京当地就优势少少，甚至还是劣势了。

对于北京来说，还有一个最头疼的问题是户口，毕业的时候找到一个能够提供落户指标的单位确实很难，而这样的单位往往是国有背景的企事业单位，通常能够提供的薪资水平非常有限，很难让人过上基本体面的生活。打个比方说，2010年前后，我们在北京校招，本科生起薪标准大概在6000元/月；而那些能够提供落户指标的单位，起薪大概在3000元/月左右，那样的单位未来薪资上升的空间也非常有限。

所以说，在选学校区位的时候就考虑到这些因素，对于未来的长期发展还是很有帮助的。

当然如果是北京的知名高校，未来不考虑留京，去上海、广州、深圳这几个城市，找到良好就业机会的概率也是非常高的。像北大深圳研究院里的应届毕业生非常受深圳企业欢迎。

四个一线城市中，落户最为便捷的应该就是深圳，只要具有本科及以上的学历，就马上可以落户，但这远不是深圳的最大优势。

就个人发展来说，深圳经济是从毫无任何基础的小渔村从头开始建设的，只用30年就在全国获得领先地位，地区经济活力不言而喻，同时这里的经济与时代最为贴近，无论是八九十年代的出口加工业，还是时下新兴的两大产业——IT互联网和金融业，深圳都在第一时间抢占潮头。而在大家又爱又恨的房地产业，深圳作为房地产市场化的第一梯队，在北上开拓的过程中也为各地地产的发展贡献了诸多行业精英。

就生活而言，深圳虽然炎热，但多数时候是阳光明媚、蓝天白云，PM2.5常年处于优良级；而且深圳从市区到郊区有着漫长的海岸线，随时享受滨海生活的惬意；毗邻香港，香港国际机场几乎相当于深圳的第二机场，飞往全球各地的航班频密，为出国旅行省去了诸多麻烦。而也正因为深圳的年轻活力，它几乎成为全国运动量最大的城市，每天早晚运动场、公园里、海边长廊处处都可见跑步、打球的人们，不像内地许多城市的人们还在把大量的时间打发在电视、麻将、吃喝上。

不管怎么说，上学、考试，最终的目的不是考试本身，也不是学历本身，而是为了让我们能够更好地体验这个世界，更好地完成我们的生命历程。所以为了这个终极目的，而在专业选择这个时点，做好清晰的规划，将会起到事半功倍的效果。

七、家长要多多做功课

虽然说从心理学、家庭关系的角度来说，家长帮孩子去做方向选择、学校选择，是不太合适的，但是，社会的现实还是逃不开这个习惯。而且，即便是在一个民主的家庭中，家长给了孩子充分自主权去做自己的选择，家长也应该给出一些建议，而不是让毫无社会经验、缺少社会认知的年轻人，任意地做出没有充分依据的选择。

但问题是大部分的家长在这个关口也缺少充分的信息和认知。不过，家长比孩子有一个优势，就是时间。所以对孩子负责的话，请家长在工作之余，多做一些这方面的功课。

专业好与不好，老师，甚至大学老师，会有一些看法和说法，但是本人不建议把这些说法作为选择的重要依据。因为老师终归是生活在象牙塔中的，与社会还有不小的一段距离，一个自己都没有经历过应聘与职场搏杀的人告诉你的就业经验，可以信吗？

那么家长获取这些信息的渠道在哪里呢？

渠道一 招聘网站

凡是大学开设的网站，就不用去看了，那一定都是说自己好的。

教育管理部门开设的网站，略为参考即可，但他们与社会现实的距离也有点大。

最靠谱的学习网站是招聘网站，在那里可以看到最真实的招聘需求和专业需要，可以看到各种岗位的需求量和大略的薪资水平。常用的网站包括前程无忧51job、智联招聘等等；更高端一些的还有猎聘网，可以看到有些什么样的中高端岗位正在被猎取。

在网站上，按理想的工作方向、按岗位名称搜索，就立即可以看到有多少单位在招这样的岗位。多比对几个方向，特别是和通用岗位一比较，那么这个岗位的需求量是多是少就大概清楚了。

比如通过岗位“人力资源”+区位“深圳”，在51job的职位中进行搜索，可以找到1418条招聘信息；用“财务”作为岗位关键词，可以搜到3748条；而用“景观设计”，只能找到128条。

但是，这个量在绝对值上并没有可比性!! 因为人才供应量的差异我们并不知道。这里只能说明通用岗位确实使用量更大，就业面更广。但事实上，一个公司招一名普通的HR专员或一名普通的会计，应征者的数量非常大；但地产公司招聘一名景观设计师，通常简历量少得可怜，常常需要负责招聘的人员主动搜索、主动联系。同样的教育水平（比如都是本科）、相似的学校实力（比如都是中等的211院校），景观设计专业的人在毕业和未来长期就业方面会比财务专业的拥有更多的机会。

家长可以在这里做一些研究：

- 把准备报读的专业作为搜索关键字，搜索“全文”，可以看到这个专业未来会在哪里具体做什么工作。比如用“精细化工”作为关键字，可以搜索出175个关键信息，约有一半职位信息是在“岗位要求”中提到需要精细化工专业背景的，另外一半是某些精细化工公司发出的招聘广告，里面会涉及到包括销售、行政、客服等等在内的各种岗位。

全文 | 职位名 | 公司名

精细化工 深圳 搜 索

这是用人要求中包含了"精细化工"专业背景要求的一部分岗位。

(Sr.) Sales Executive (珠光颜料粉)	[redacted]化工技术（上海）有限公司	深圳-罗湖区
项目发展经理	深圳市[redacted]实业有限公司	深圳-南山区
项目发展专员	深圳市[redacted]实业有限公司	深圳-南山区
销售工程师（化学）	[redacted]实验设备（上海）有限公司	深圳-南山区
实验员	深圳市[redacted]科技有限公司	深圳
医药化学品采购员（供应链专员）	深圳[redacted]医药科技有限公司	深圳
精细化工工程师	深圳市[redacted]环保科技股份有限公司	深圳-龙岗区
生产助理	深圳市[redacted]科技信息服务有限公司	深圳-宝安区

这是某精细化工公司正在招聘的各种岗位。

精算师	深圳市[redacted]精细化工股份有限公司	深圳-南山区
前台文员	深圳市[redacted]精细化工股份有限公司	深圳-南山区
网页美工	深圳市[redacted]精细化工股份有限公司	深圳-南山区
董事长秘书-法务方向	深圳市[redacted]精细化工股份有限公司	深圳-南山区
商务管理员	深圳市[redacted]精细化工股份有限公司	深圳-南山区
销售助理	深圳市[redacted]精细化工股份有限公司	深圳-南山区
人事文员	深圳市[redacted]精细化工股份有限公司	深圳-南山区
行政文员	深圳市[redacted]精细化工股份有限公司	深圳-南山区
调色打板员	深圳市[redacted]精细化工股份有限公司	深圳-宝安区
防腐漆技术服务工程师	深圳市[redacted]精细化工股份有限公司	深圳-南山区

- 把未来想做的工作作为关键字，搜索"岗位"，点开搜索出来的岗位，就可以看到这个工作对"专业背景"的具体要求，这也可以作为专业选择的一个依据。

比如用"金融分析师"作为岗位关键字，可以找到在深圳的近20个相关岗位。

全文 职位名 公司名

金融分析师 深圳 搜索

排序方式：按更新日 按首发日 按相关度 查看方式： 1-20 / 20

	职位名称	公司名称	工作地点	更新日
☐	金融分析师	深圳[redacted]财经信息科技服务有限公司	深圳-福田区	2014-07-07
☐	金融分析师	[redacted]地产有限公司	深圳	2014-07-07
☐	注册金融分析师	深圳市[redacted]资产管理有限公司	深圳-福田区	2014-07-07
☐	CFA 美国特许金融分析师讲师	[redacted]国际教育	深圳	2014-07-07
☐	金融分析师	深圳市[redacted]投资管理有限公司	深圳-罗湖区	2014-07-07
☐	经济金融分析师	[redacted]集团人资总处	深圳-龙华新区	2014-07-07
☐	金融分析师助理	深圳市[redacted]信息服务有限公司	深圳-罗湖区	2014-07-06
☐	高薪诚聘金融分析师	广东[redacted]金属经营有限公司	深圳-福田区	2014-07-04
☐	高薪金融分析师（讲师）	深圳[redacted]保投资有限公司	深圳-福田区	2014-07-04
☐	金融分析师（讲师）	[redacted]矿产资源经营有限公司	深圳-南山区	2014-07-03
☐	金融分析师	深圳[redacted]资产管理有限公司	深圳-福田区	2014-06-26
☐	黄金现货业务员+网销+金融分析师双休+高薪	深圳市[redacted]丰投资有限公司	深圳-罗湖区	2014-06-25
☐	金融分析师	广东[redacted]贵金属经营有限公司深圳分公司	深圳-龙华新区	2014-06-24
☐	金融分析师	深圳市[redacted]投资管理咨询有限公司	深圳-福田区	2014-06-23
☐	金融分析师（讲师）	[redacted]资产管理有限公司	深圳-南山区	2014-06-01
☐	贵金属金融分析师	深圳[redacted]金属经营有限公司	深圳-罗湖区	2014-05-31

可以发现，需要这类人才的以资产管理公司 、贵金属公司、投资公司为主，也有招收这类专业人员做培训讲师的培训公司。

点开专业的金融分析师岗位，就可以看到岗位的具体信息。这里不但有公司对专业背景的要求，也能看到专业之外的其他要求，更可以看到这个岗位具体要做什么事情。

通过这两个例子我们可以发现，同样的岗位名称，在不同的公司，所做工作的具体内容有比较大的差异。所以，在为选专业做功课的时候，应该多看一些岗位的具体信息，找到工作内容真正符合自己兴趣的岗位；同时也再仔细研究这个岗位对人的要求，从而对自己进行专业选择起到借鉴作用。

职位标签： 理财 投资 分析师
职位职能： 金融/经济研究员 投资/理财顾问
职位描述：
岗位职责：
1、负责公司会销活动的产品宣讲，进行各种规模的讲座，讲授专业投资课程。
2、对公司的产品进行技术分析，指导和帮助市场部人员进行行情分析和培训客户。
3、撰写评论，并通过公司规定的渠道给予客户投资建议。
任职资格：
1、有相关期货/证券/白银/外汇交易和从业经验。
2、具有出色的演讲能力，在金融行业的会销活动或培训讲座中担任过讲师或培训师。
3、拥有扎实的金融专业知识，并具有较强的行情把握能力，投资分析能力和风险控制意识。
4、认真踏实的工作作风，耐心细致的服务意识，赏心悦目的言谈举止。
5、能熟练运用Microsoft Office办公软件。
6、有担任讲师、培训师经验的优先，有在各媒体发布评论或撰写文稿经验者优先。

职位职能： 金融/经济研究员
职位描述：
岗位职责：
1、负责为客户提供专业的投资理财、全球金融信息分析研究；
2、负责公司金融业务分析及上市报表管理；
3、负责对金融行业的信息管理系统进行业务系统分析；
4、负责对投资商进行业务管理和分析，提出优化管理流程的策略或建议；
5、负责跟踪宏观经济发展动态，寻找全球市场投资机会；
6、负责对投资商提供售前的管理和咨询；
7、负责公司投资的资本运作与管理；
8、配合销售人员进行市场营销和客户培训。

任职资格：
1、本科及以上学历，经济、金融等相关专业；
2、具有金融市场分析投资经验，有金融市场分析师执业资格者优先；
3、具有丰富的金融市场基础理论知识，善于进行行业研究和挖掘；
4、熟悉金融市场公司决策流程和各个交易管理系统；
5、具有较强的逻辑思维能力、创新和钻研精神；
6、具有很强的文字表达能力和证券分析能力；
7、具有很强的工作责任心和团队合作精神。

这一部分的工作，有可能很多人都没来得及在高中毕业的时候来做，那么进大学后还有选择的机会，通过这种方式选择研习第二专业，或者是选择考研的方向。而对于转专业找工作的同学，在决定放弃自己的专业之前，也认真做一下这个功课，这会帮助你更加理性、更加有准备地去应对就业竞争。

如果想看得更远一些，可以看看猎聘网。

虽然说这里的岗位与刚刚高中毕业的小朋友离得还有些远，但至少可以帮助家长和同学们了解高端岗位是什么样的，哪些专业、哪些领域的高端职位比较多。心想得够远，才能走得够远，否则容易满足而裹足不前。

当我们可以看得更远一些的时候，对眼下的选择也会多一些自信或警觉。谁也不能确定每个具体的个人在未来可以发展成什么样子，但通过这些讯息可以知道社会为这个专业方向提供了什么样的发展可能。如果未来不被看好，不如现在就不要选择，而不是先稀里糊涂地选了，把困境留给未来的自己；如果未来可以非常精彩，那就不断给自己鼓劲，向着巅峰做最大的努力。

当年自己选择HR方向的时候也是有些懵懂，虽然隐约知道这个方向未来可能有些奔头，但目标究竟有多大、未来可以奔多远却真的没有概念。

为此，12年后的今天，这里特地以HR为例截取猎聘网中的一段：

人力资源中心负责人 深圳 2小时前

年薪：**120-150万**

汇报对象：总经理 | 下属：0 | 行业：房地产开发/建筑/建材/工程

人力资源总监 深圳 2014-06-27

年薪：**100-130万**

汇报对象：集团VP | 下属：7 | 行业：房地产开发/建筑/建材/工程，快速消费品...

人力资源总监 深圳 2014-07-02

年薪：**70-100万**

汇报对象：总经理 | 下属：0 | 行业：基金/证券/期货/投资

总部人力副总 深圳 2小时前

年薪：**50-80万**

汇报对象：集团人力总 | 下属：10 | 行业：房地产开发/建筑/建材/工程

人力资源部总经理 深圳 前天

年薪：**80-110万**

汇报对象：总裁 | 下属：50 | 行业：房地产开发/建筑/建材/工程，房地产服务...

但是，每一个看到这些信息的同学和家长，还要记住一点，能够最终登上职业高峰的人毕竟是少数，如上例，一个集团企业的HR少则数十人，多则数百上千人，但最终获得这一专业最高点的人只有一个，你会是那一个人吗？如果不清楚怎么才能够成为那一个人，请仔细研究每个岗位里的详细说明，那里对工作职责和任职要求也有详细描述。

如果对专业、对未来想做什么完全没有概念、没有想法的话，可以考虑第二个渠道。

渠道二 求助专业人士

● 求助于HR

为什么要求助于HR，而不是学校的老师、校长？而不是在校大学生、研究生？而不是亲戚朋友？

如果说要咨询高中备考的学习方法、要了解考试重点什么的，老师一定是最好的人选，因为他天天都在研究这个、看这个、想这个，对学习和考试他有足够多的经验和教训。但对于如何参与社会生活，肯定不是老师的长项。事实上，很有一些当了几年老师的人辞职去找公司的工作，各种不适应并不比应届新人好太多。

前文提到，老师是典型的从学校到学校，象牙塔中的他们对社会变迁、世态冷暖感受得还是相对比较少。校长或许和社会的交集会多一些，但多数时候也是和老师打交道。如果以后不是打算当老师，还是不要以老师的建议为主。

在校的大学生，对社会更是一无所知。他们甚至都不知道自己未来会怎样、能不能被社会所接受和认可，如何可以给学弟学妹以中肯的建议？他们熟悉的最多是大学校园，包括那里的学习氛围、讲座多少、女生是否漂亮、课业是否有压力，但这些都与未来的目标关系不大。

亲戚朋友，更是参差不齐，虽然都会出于好意为年轻人着想，但缺少充分信息认知的着想，其价值也非常有限。还很有可能因为某个亲戚个人偏好、经历的原因，给出太有个人色彩的建议，或许并不适合当事人。

所以，问路要问走过这条路的人，最好还是经常走这条路的人。

而HR，不但自己在职业道路上奔走着，还要天天观察别人走得怎么样、可不可以换一条路、如果要换条路可以怎么适应等等。自己的经验和教训、别人的经验教训都积累不少，而且通常还具备一些专业知识（职业生涯规划之类的），所以，是比较合适的咨询人选。

但，特别需要注意的是，并不是所有的HR都适合。

首先，HR从业者的水平良莠不齐，是否能提供有价值的建议值得掂量。在没有别的判断依据的情况下，选择在一定规模、水准的企业里工作的HR，通常能比较好地保证咨询质量。

还有，最好的咨询对象最好是做到比较高岗位的，比如HRD（HR总监），至少也应该是经验比较丰富的HR经理。

一来他自己已经取得了一定的职业成功，有一定的说服力。就好像一个考上了好大学的人，给你的学习建议才相对有价值一些，否则自己都学不好，他的学习方法说了也未必有用。

二来，通常从业经验比较丰富到了一定职位的HR，才能够比较全面地去看“人”，包括人的个性与职业匹配度、人的成长性、人的社会适应度等等，这不是一名单纯做招聘或者主攻薪酬绩效的HR可以做到的。

● 求助于从业者或企业高管

我们现在的社会存在一种明显的矛盾心理，一方面仇富、仇官，觉得那都是“每个毛孔里都流着肮脏的血和汗”的人，另一方面又求财求官，恨不得自己立即成为其中的一员。心理学早就告诉我说，那些怀疑和轻蔑不过是内心的自我防御，想通过这样来暗示自己没得到那些反而是好的。

我们如果仔细看看那些位高权重的人，会发现他们基本都有一些平常人难以企及的能力，或勤奋上进，或眼光独到，或胆识过人，绝不是随便混混日子吹吹水就可以在众人之中脱颖而出的。

而已经站在山顶看风景的人，常常比山脚下的人看得更全、看得更远，他比山脚下的人更了解上山的路哪里更快捷哪里走不通。

位至企业高管，除了要管事之外，更要管人（带队伍），什么样的人在企业里受重视、什么样的岗位适合什么样的人，他们常常有丰富的感性认识。哪怕在理论知识上不像HR那么专业，但在看人、识人上通常更有独到之处。

特别是，如果有特别向往的行业、领域，那在做决定之前能够接触到这个领域的高层人士，可以让我们了解得更到位。

这里也需要强调几点，选择专业的时候可以咨询企业的高管，不是政府领导。考公务员不在本书关注范畴内，市场化的企业与政府部门在组织内部的逻辑有所不同，规则更加不同。比如，在政府里做领导的秘书通常是能在未来升迁的好地方，但在企业里就完全不是，秘书的升迁空间非常非常有限。

当然，这里说的是专业选择问题。如果未来在职场的发展问题上，能在政府做到领导的人，通常洞晓人情世故、掌握在人群中脱颖而出的法则，那个时候他们将会是不错的咨询对象。

八、专业没选好怎么办？

这里首先非常严肃地告诉所有在校的同学，**专业选择非常重要**！它在很大程度上影响着你毕业时的择业，决定着你是否拥有一个像样的职业开端！如果有可能，尽量在选专业的时候做一个认真、理性、正确的选择！

但是，高考的志愿选择，难免不尽如人意，当时做的选择过于理想化后悔了，或是考分有差距被调剂了等等，在这样的情况下，也大可不必心灰意冷、自暴自弃，在执着的努力面前，命运总会大方地留下另一个出口。

专业不理想，最简单的一个办法是**可以在毕业的时候放弃所学专业找工作。**比如我曾经招过应用数学专业的硕士进入市场营销岗位，也招过统计学专业的硕士进入商业管理岗位，事实上他们最后都在岗位上表现得很棒。只是相对于专业对口来说机会可能会少一些，而且通常会在方向选择上受到一些限制。

放弃专业找工作会碰到什么限制呢？这时的选择通常限于那些对专业背景要求不是特别高的工作，而这一类职位如果它的职位价值还是和专业背景强的职位不相上下，那在专业背景要素上降下去的部分通常将在“人际”上补上来。

比如销售工作就是一个典型。对专业背景的要求多数时候都会比较低，或者是无须专业背景（如洗发水、餐巾纸等快消品的销售岗位），或者是略有专业背景即可不必高深，但做销售对“人际能力”的要求一定高过专业研究人员，如材料工程师或者药剂师。

人力资源管理也是一个代表，很多企业招这个专业的学生时会要求人力资源专业背景，但是往往也会招一些非专业的学生来到这个岗位工作。往往这样转专业招过来的学生，都是非常有活力、语言能力强、善于适应新环境，在职业素养方面，也有一些天然的优势。

当然这样的一些转专业招聘，之后到了岗位上一样需要去补充专业知识。

刚才提到的营销就有这样的属性，这类工作的目标都是要去打动人，工作中与人打交道的概率也很大，如果是学究型的人再加上专业不对口，很难被录用，即使录用了也很难做得好。

另外还有一些特殊的案例，一些大型企业，会专门通过校招途径招收管理培训生（Trainee），招聘的时候更多看重的是个人综合素质，几乎会忽视专业背景，比如大家所熟悉的四大会计师事务所。这样的企业通常有足够的信心，让非专业人士通过两三年的在岗训练，成为专业出众的职员。当然这里面的辛苦也是一言难尽，其强度绝对超过再读一个本科专业。

当然，本科学校或专业不够理想，**还可以拓展自己在相关领域的实力**，来获得额外的加分。

比如曾经有一个二本院校学中文的女生，就她的学校和专业来说非常不好找工作。但是她的简历看起来确实非常棒！不但各类奖学金、比赛获奖的清单就很吸引眼球，同时照片也选得非常好，相信多数面试官看到这样的简历都会不忍心连一面都不给她机会。简历是宣讲会现场投递的，所以不会被万恶的简历系统直接筛掉（如何准备一份出色的简历为你找工作加分，将在第四部分细说）。

笔试成绩很好，让面试官更想见一见真人。

面试中，其实她并没有照片中那么靓丽夺目，甚至有些胖乎乎的。但因为口才非常出众，给面试官留下了深刻的印象。虽然是二本，但面试成绩丝毫不逊色于一本院校的学生。

她出色的文采、敏捷活跃的思维、优秀的口才，PK掉了许多985院校的竞争者，最终获得了营销策划岗位，做各类营销文案类的工作，入职起薪只比一本院校的毕业生少500元/月而已。

毕业大半年后，到年底评选优秀新人，她高分当选。

但在这里必须告诉大家一个非常残酷的真相——放弃原专业找工作风险很大，凭着不太有认知度的院校牌子在就业市场中碰运气，很有可能在就业竞争中一再失利。如果确实不太喜欢学习，就要在专业之外做更多的准备，比如培养自己出众的特长或优势，否则前途将遇到更多无法预知的难关。

如果你觉得自己还基本能够坚持接受正规的学校教育，本科专业与理想有出入时，选择研修第二专业、考研、出国都可能成为你的救赎方式，在一定程度上帮助我们修订大学入学时专业选择上的偏差。

对于绝大多数人来说第一学历会有这样那样的一些遗憾。一时的遗憾没有问题，那是因为在此之前你的努力没有人家那么多，却并不代表今后的结果一定要一直比别人差。未来好与不好，取决于你现在的努力有没有超过别人。当然现在继续不够努力，未来还会继续收获遗憾了。

在本科专业不够理想的时候，**可以通过考研来转换专业**；同样，在本科修第二专业，也可以帮助自己转换到所喜欢的专业中去。

根本不用担心所谓的本科学校不够好，结果考上了NB学校的硕士，最后还是不好找工作，千万不要给自己这样的理由来偷懒！能考上NB学校的硕士一定会好过一直只能与不够好的本科文凭相伴，它总能带给你一些东西，你自己的满意与否，只是取决于更高的文凭带给你的，是否能够达到或超过你自己预期的罢了。

也不要去纠结自己的本科不好，是不是考一流院校的硕士会竞争不过其他本就在一流院校读本科的学生。尽最大的努力，做最坏的打算，就算拼命努力过了结果就是差强人意，那至少让自己不后悔。如果一切还没有开始就已经打退堂鼓，那真的没有人能够帮到你。就像马云说的"梦想还是要有的，万一实现了呢？"

这些年的校招看到过无数第一学历一般甚至是不好的学生，通过考研咸鱼翻身的案例，有那么多已经实现的案例，至少说明此事可为。人这一辈子要碰到的难事没完没了，年轻的时候多努力一点，至少可以帮你尽量减少一些年老体弱时的难题。

校招过程中看到了许多本科"211"，或者"211"都没进，但考研胜出，最终进入北大、清华深造的；也还有更多第一学历平平，但最终在武汉大学、西安交大、华中科大、中山大学、浙江大学等出色院校获得硕士学位的同学，他们在就业的市场上依然具有不错的竞争力。虽然优势会略逊于本科也是来自于这些学校的学生，但机会确实还是非常多！

永不言弃！这句话在我们的一生中都非常适用，生命不息、奋斗不止，机会还是比较喜欢光临努力拼搏的人。一定要相信这一点！

类似于考研的另一个出路是出国。但出国这个事情，到了现在，已经不再是什么神秘的、高级的选择了。它跟在国内考研一样，只是一个学习的平台，但本身不具备任何额外的优势。说得更直接一点，在国内前30院校内获得的硕士学历，在求职过程中反而能够获得更多的青睐。过往已经有太多这样的案例，尤其只是拿到欧洲国家一年制硕士学位的同学，如果个人没有什么特别的过人之处，在面试中经常会被国内的硕士生pk掉。

HR不是吃素的，国内还是国外的牌子对于他们来说不重要，重要的是个人综合素质！

关于综合素质的培养，会在第二部分、第三部分详细叙述，这里就先告一段落了。

但这里要强调的是，硕士本身也不是绝对优势，现在的硕士研究生数量之大几乎让我们气馁。所以在大家选择硕士专业的时候，一样也要考虑到个人的特长、个人的偏好、个人的特质等问题。

以上这些出路，没有一样是很容易的。从风险性来看，转专业考研或攻读双学位，是比较保险的，因为校招首先看的就是学校和专业，如果改变了获得就业机会的可能就会大很多。

说完专业的重要性之后，也想再说一句：**“专业也就只有那么重要！”**

上文所述，反复强调选择专业时一定要匹配自己的偏好与个性，如果本科的专业不够理想，可以通过一些其他的方式来谋求改变。但如果考研没考上，出国也出不去，是不是这辈子就基本没希望了呢？

专业，如果选得准、考得上当然非常好，但也并不等于没考上一个好专业就一切尽失！其实本科并不意味着一生选择的全部——事实上，与这一辈子中的许多选择比起来，本科专业的选择只是一个次之又次的关口。

有心者可以发现，职场中做到高管岗位的人有很大一部分在从事着与大学专业关联不大的工作，比如我现在的老板是学信息管理出身，后来负责资本市场的管理，现在负责一个香港上市公司的运作；再比如我之前所任职的公司老板是体育教育专业，当了若干年大学体育老师再创业做房地产开发；众所周知的中国财富传奇马云，当年也是英语专业，而不是信息技术之类。

所以，那些考了不理想的学校、读了不理想的专业的同学们，完全不必因为这些问题而焦灼不安，但要努力去做改变！

有一些同学在高考失利调剂到不喜欢的专业之后，就自暴自弃，其实是完全没有必要的，那样浪费青春时光，未来会因此吃不少苦头。

事实上，多数企业在招聘的时候，对于专业门槛不是特别高的专业并不是十分在意专业本身的，这时候进入一个好学校的价值更高。

看当年热度十足的宝洁P&G，招的不少管理培训生是完全无专业要求的，之后进入的工作岗位也不是大学专业所学；四大会计师事务所招人，通常也不一定需要会计学、财务管理等专业的；而地产行业里，学哲学出身的总经理、学社会学的营销总监、学法律出身的HR总监比比皆是，影响他们的，更多是个人的综合素质、学习能力和工作之后的工作热情、持续学习意识。

哪怕是专业门槛比较高的专业，像信息技术、自动化、建筑设计等学科，要想以后在专业岗位上有所建树，工作之后的持续学习也必不可少，而不是仅凭一纸文凭就可以跑赢整场。

当下社会的技术更新速度太快，一不留神就会变成落伍者。所有的学习，让我们适应的只是眼前，保障不了永远；学习意识、学习能力与坚持不懈的汲取，才能最终让我们与时代保持同步！

第二部分

青春无悔

——大学里的一个50%

（做好学问）

每每听应届新人们说起大学生活，有大把无聊的时光不知该如何打发，就在打牌、打游戏、上网、睡懒觉中让青春年华随意流逝，真的非常惋惜！

先说两个例子：

例子一 被游戏蹉跎的青春

若干年前，在天津的一次校招中，也曾被一个一面都没有进的年轻人苦苦哀求见上一面。他在我们的宣讲会上，了解到了我们的企业特点与用人需求，又从接到面试通知的同学那里知道了我们的安排，等到由我来进行终面的那一天，他一大早就跟着进终面的同学一起来到酒店楼下一直等待，和我们接待面试的同事一再请求在我的空当时间见一次。

可惜面试安排得非常紧凑，我直到午餐时间，才匆匆下楼，但午餐时间只有短短40分钟。通过同事的介绍，也颇有一些怜悯之心，于是在仓促的40分钟里抽出15分钟左右和他简单聊了聊。

他上来就说不知道该怎么办，校招进行一大半了，自己却一个面试机会都没有得到，每次都是看着同班同学急匆匆地赶场笔试、面试，而且有一些同学已经接到了offer。

我问他成绩排名与个人特长，他说成绩不好。再深问，才知道挂过几次科，成绩基本都是及格线，奖学金当然也没光顾过他。特长，基本上找不出来。

再问他大学的时间都在做什么，他说太喜欢打游戏了，基本是通宵通宵地打游戏，白天没精神要睡觉；不打游戏的时候基本就是和一帮狐朋狗友东游西荡地玩乐，考试基本就靠临时抱佛脚。

再问他打游戏有什么好玩的？有什么意义？他说当时就觉得高中想玩就是没时间玩，等上了大学觉得终于有时间玩了，旁边也没有家长管，可以尽情地玩。但到了大四面对找工作时，才突然发现时间全都白白浪费了，打那么多游戏一点价值都没有。但时间已经这样过去了，找工作完全没谱，非常着急。他问我应该怎么办！

说实在的，我也不知道该怎么办了。一无所长，无技傍身，甚至熬夜打游戏太多，整个人的神情都看起来比较萎靡颓废，更没有自信，想找到有“专业度”的工作难上加难。

可能对一个处于如此糟糕境地的毕业生来说，从简单的基层工作开始是一个现实的选择，但他自己不甘心啊！从那样的工作开始，他可以确保从此励精图治、绝地反攻吗？

15分钟的时间里，也谈不到太多，只能告诉他再难也要努力找到一份工作，然后再努力改变自己。自己都觉得说这些比较苍白乏力，但对于一个自己不想努力的人，别人能够帮到的确实是非常有限的了。

他可能是大学生活的一个极端个例，但却极有代表性——不知道自己还有好多好多任务没完成，不知道自己在大学中蹉跎的时光最后会变成自己未来生活的负累。

例子二 被游戏摧毁的斗志

又是一个关于打游戏的例子，并不是说打游戏多么十恶不赦，而是因为如果去打游戏了，还能说得出荒废时光的去处，还有一些同学其实连游戏都没打，都说不清时间去哪儿了，就是一点正事没干。

小罗是通过社会招聘来到公司的，学校不错，985，而且是当年从湖南省考上这所院校的，同为湖南人的我，非常清楚本科上这个学校的线有多么难。招他时，他已大学毕业5年，这时的简历已经没人看大学成绩奖学金之类的内容，所以并没发现他当年的“劣迹”。

在面试和后来的工作接触过程中，可以发现小罗是个非常聪明的孩子，但做事情总是执行不到位，一遇到困难就拖延、回避，需要加班的时候更是显得比较勉强。专业上有一些需要提高的地方，反复提醒他还是不能有所改变，一再让人失望。最终没有通过试用期而让其离开了。

离职后，他和同事聊天，说起自己的过去和现在，才终于让之前的一切表现有了答案。

他考大学是20多岁的生命中最为辉煌的时刻，当时在县城里是数得上的好成绩。进了大学之后就突然不知道该干什么了：身边都是高考分数不错的同龄人，他的成绩优势不再是优势；他来自小县城，见识与打扮比许多城里的学生要差，甚至普通话都说得不太好。高中的优越感、目标感同时都瞬间消失，他低落之后找到的就是打游戏。

因为聪明，游戏打得非常好，在网游校际联赛中拿到了出色的成绩，他也因此风光一时。但代价是课业基本放弃，成绩都在基本过关状态，再接下来的代价是校园招聘时找不到工作，然后独自闯荡深圳。在深圳的一家小公司找了一份谋生的工作后，一再跳槽，希望自己在职业上也能再现辉煌。本以为在我们这里可以找到一飞冲天的机会，却没想到连试用期都过不了。

说到那些不够完善的专业功底，为什么不去夯实，他自己的解释是现在虽然不打网游了，但是每天回家就上网看网页、看电影的习惯却改不了，每天都是弄到凌晨一两点才睡，早上挣扎着起床，能正常上班就很不错了，哪里有心思想那么多专业提升的事。

而当时有两位与他同期考入大学，但后来考研再出来工作（校招到公司）的同事，当年高考分与他是相近的，有一个学校还不如他，但已经在专业岗位上做得有声有色了。

所以，不要觉得上大学学的东西都没有用。分数、知识只是一时的，但在上下求索过程中磨砺的意志力会让人受益终生。

一、专业需要学到多好?

在我们上中学小学的时候，学生和家长都非常重视考试得分，到了大学之后很多人就来了一个彻底的转变，觉得只要考试过关拿到学分就ok了，没有高考压力、排名压力，多得的分都是浪费。但如果是为了长远着想，这个观点一定要做改变。

即使已经进了非常不错的大学，专业功课的成绩也依然是非常重要的，更不用说那些不够“牛”的学校了。对于大多数好公司来说，用人往往也是苛求的。招人的时候，哪怕在最牛的那些大学，也就招成绩排在前50%的学生，再差，就宁愿招稍微次之的学校里的优秀学生了。

如果没考进最牛的那些学校，那么建议还是把成绩争取到前20%、10%甚至更好，对于竞争优势差一些的学校来说，好的公司去招人，可能就最多只招前10%～20%的学生了，而且还会对其他方面的能力提出高要求。

永远有例外，也有成绩很一般的师姐师哥找到了很好的工作，要知道小概率事件虽然是少，但乘以七百万的人数，小概率事件就变成必然会发生的事件了。比如对于热门的建筑学专业、软件工程专业，可能一个班每一个学生都会收到不止一份offer，但即便是对他们来说，成绩更好一些，获得的offer的分量一定会更重一些。对于大多数的我们来说，更需要关注的还是大概率事件，也就是说成绩好一些，机会相应会大一些。

事实上很多学校目前在专业设置、课程内容上和企业的实际需求还是存在巨大的鸿沟的。但为什么企业还要去关注学习成绩呢?

对于用人单位来讲，学习成绩代表的是一个人的努力程度、负责程度，而对于学生而言，学习基本上算是最重要的核心任务。一个对于自己的核心任务都敷衍潦草的人，如何去指望他未来在工作岗位上，对公司的事情尽心尽责？

另外学习成绩在一定程度上也能代表一个人的聪明程度吧。事实上大学本科和研究生的专业难度，都在普通人的智商承受范围内，如果说付出了巨大努力，成绩依然很差，那么到了企业中去面对新的知识、新的挑战的时候，怎么能确定他就能够学得好、应用得出来呢！

那学到什么程度算专业学得比较不错了呢？

量化指标一，奖学金。现在学校的奖学金设置已经越来越普及了，大学四年最差最差也应该拿到两到三次三等奖学金，如果有一等奖学金的记录，那当然会成为未来应聘过程中的亮点。那些从来没能力拿到奖学金的同学，比较难通过简历筛选这一关了。而前文所说那个连年获得一等奖学金的女孩子，为什么在每一家企业的简历筛选中都被选中，成绩就是一个不可被忽略的关键要素。

量化指标二，专业证书。不是所有的专业都有专业证书可以考，但是，对于有专业证书可考的专业来说，你考到了证书，就意味着你会比其他的同专业竞争多一些机会。

下图是最受关注的十大资质证书。注册会计师，现在不允许在校本科生参考，但在校生可以参加ACCA的考试。

但在校生可考的证显然不止这一些，微软资格认证、人力资源师，也都是值得为之付出努力的证书。

虽然说拿着这些证书，并不意味着能够直接胜任多么重要的专业岗位，但至少可以代表你在这个专业学习过程中是非常认真和努力的。认真和努力，是企业多么需要的重要资质啊！

最受关注的十大资格证书

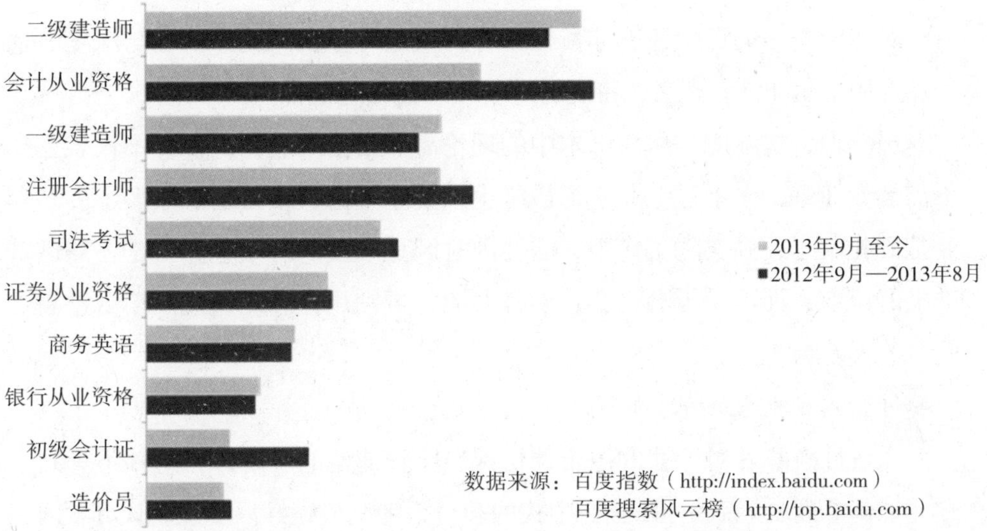

数据来源：百度指数（http://index.baidu.com）
百度搜索风云榜（http://top.baidu.com）

量化指标三，专业竞赛奖项。高校里门类繁多的设计大赛、创意大赛、创业大赛、挑战杯等等，都是体现专业水平的好机会。试想一个希望未来从事营销专业的学生，如果在学校的营销创意大赛里面，他的方案曾经拿过校级的甚至更大范围内的出色成绩，对于未来用人方是非常重要的参照信息。同时参加大赛通常都是几人小组参赛，因此参赛的一个附加价值就是体现团队合作能力。

但是，证书也需要适可而止，拿到与专业相关的证，会为专业竞争加分；拿了一堆无关的证，除了证明你善于应考，还有可能证明你是一个书呆子，而这两样都不是企业所需要的。

比如学财务的人，考下了会计从业资格证、CPA或ACCA，那都是非常加分的，但如果还去考了物流管理师、北大青鸟认证、造价员证之类的非相关认证，作用就比较有限了。而且HR会担心，这个人在学校期间除了看书做题可能就没时间做其他的事了（其他的事，在第三部分会讲到，可能比这些多余的证要有价值得多）。

对专业水平的评价还有非量化指标，就是专业认知的系统性与深度，这一点对硕士生非常有意义，特别是专业性比较强的学科。

虽然说，实际的工作与书本中的理论有非常大的差距，但并不代表工作不需要专业基础（不过专业学习最终也只是个基础，千万别想太多了）。专业基础扎实了，到实际工作中，需要因时因地应变的时候也将会是在靠谱基础上的应变，而不是天马行空、误打误撞，否则用你和用其他没接受过高等教育的人差距不大了。

什么叫专业的系统性呢？

系统性意味着对专业的主干课程都有比较清楚的理解，但这并不等同于专业课都拿到A或者90分以上。中式的教育，考试成绩好只能说明认真学习，但衍生不出更多其他的结论。

专业的系统性更重要的是需要对主干课程的要义能够充分融会贯通，能在脑子里把这些知识、理论、观点串起来，形成一个比较完整的知识体系，而且自己对其中的这些内容的逻辑联系比较清楚，甚至可以张口即来地简述这些内容。

看上去好像挺难的，但其实说白了就一点，真正理解了你所学的专业！虽然书本的理论与实际总是存在距离，但最基本的理论都弄不清楚，如何确保在实际工作需要变通使用时可以游刃有余？

这个要求对希望转专业、找工作的同学也非常重要，对未来想从事的工作能做一些知识上的准备，可以帮助你降低转换的难度。

在以往应届招聘的过程中，这类问题出现的频率还是比较高的。以挑选HR新人的情况为例，即便是HR专业的本科甚至硕士，至少会有一半的同学不能对HR的整体知识进行比较完整的详述，对自称研究绩效方向或是对招聘模块感兴趣的同学，也无法对具体的模块内的基本理论进行有专业度的阐述。并不是说未来在岗位上不能进行相关的学习，只是让人质疑他在4年或6

年的学习过程中，究竟有没有钻研的精神、有没有认真进取的态度？

专业深度意味着什么呢？

再强调一次，当我们把它和工作实践对比的时候，学校老师能够教给你的东西是很有限的，博士研究除外（那时也不在于老师教而更多是自己研究）。

即便如此，我们也可以让自己在某个领域更有深度一些。

特别对于研究生来说，在自己的研究领域内，一定要有自己的观点或者自己看问题的角度，并且能够条理清晰地把自己的这些独到的想法表达出来。这里体现的是思考力。

哪怕在校期间我们对专业的认识还太理论，哪怕我们的观点有些跑偏，都不是问题，关键在于我们对自己的专业领域深入思考过，有自己的分析模型与自己的观点。

这样的人，未来在工作中也会善于研究与拓展。正因为工作的情景永远富于变化，时代的进步总是会领先于教科书的编印，所以有独立思考能力、乐于研究和拓展的人，才有可能在未来的工作岗位上与时代同步。

对于专业系统性与专业深度的提升，最好的一个办法是**写专业文章**。写专业文章最好是自觉地去写，而不是按老师布置的作业去写。自觉地写，才能结合自己一段时间所学所想进行一个融会贯通的沉淀，而不仅仅是给出一篇用来应付老师的文字（以免被扣期末分数）。另外，是真正地去“写”，而不是复制、粘贴做文字的搬运工，大家都知道网络上有大量随时可供“参考”的文章，但搬运这些字句段落到自己的硬盘上，对自己没有任何价值，不如别浪费时间。

写专业文章，最好不要按课本的逻辑来写，最好是学习专业课程的同时看一些相关的专业书，再把自己对几本书的精要进行有机整合，能够推演出自己的观点当然是最好。但对于绝大多数本科生来说，能够将各方知识、理论有机地整合在一起，并形成文章，已经是非常不错的成绩！

类似于写文章，一些需要动手的专业可以设置课题来解决，计算机语言相关专业就是这样的典型。

如果对于专业内的核心课程，都能做到如此认真学习与思考，不但可以真正学到专业知识，也可以拓展自己的阅读量、扩展视野，更可以养成主动思考的习惯，一定是获益丰厚的！

写文章还有一个特殊的副产品，就是练习笔头功夫。这有什么用？请看接下来的这一节。

二、学英语重要吗？学中文呢？

英语必须重要，如果你希望毕业时能够进入一间不错的公司。

这里说的不错的公司并不特指外企，外企是不是最好的公司，会在第四部分详细说。

连房地产这样的土豪行业都进军海外了，我们怎么还能忽视外语？

不进外企，为什么还要把英语学好？因为很可能公司的供应商、市场、合作伙伴、资金渠道、上市平台等是有国外背景或者完全就在国外，所以企业的工作语言是中文，但在招人的时候还是会要求英语六级、口语流利、书写能力过关等等。另外，国内企业也已经有了越来越多的海外团队，虽然还是土生土长的本土企业，但因为业务链条延伸或者是收购兼并，或者就是全球招聘，让团队伙伴里有了越来越多的外籍人士。当你能够熟练掌握英语这个工具辅助你的日常工作时，你才容易获得更大的空间。

怎么样才算英语好呢？

该考的证书还是要考的，六级是基本关。也千万不要以为四、六级取消了及格线之后，HR就不再关注你过级了没有，420的分水岭大家都知道，如果还能参加口语测试那就更是基础过关了。对于HR的眼睛来说，通常觉得还比较顺眼的是六级获得了还不错的分数，哪怕只是本科生，仅仅勉强过四级都容易显得黯淡。

现在信息交互如此便捷和频繁，无论是好莱坞大片、美剧、BBC新闻都让我们能够零距离接触英语、使用英语，四、六级早已不像20世纪90年代那样神秘和困难了。更何况，英语作为一门基本上全球通用的语言，还能够为生活带来很多便利，无论出国旅行、看财经新闻，还是读懂一份进口食品、化妆品的说明。

所以，该下的功夫还是要下。不要因为教育部对英语教育有一些新举措就欢呼雀跃扔掉英语书。艺多不压身，书到用时方恨少。当然，学英语也要讲方法，不要死记硬背，最后只会考试不会应用。学习方法的事这里就不展开了。

如果你有更好的方式来证明自己的英语水平当然更好，否则老老实实地参加考级其实没什么坏处。过了级，基本上词汇量就够了，日常的文字绝大多数能看得懂了。此外，日常办公用语和专业词汇也应该过关，面试的时候常常用得着，未来工作中用到的可能性更大。对于广大好学的同学们来说，这个应该不是多难达到的目标。

学英语的挑战在于口语，而口语是个大招牌，几乎可以一白遮百丑。

说口语，首先是口音问题。既然在线随时可以看美剧、BBC新闻，有什么理由调整不好口音呢？一口漂亮的发音，在英语面试的时候会加分很多啊！说小时候口音没练好、说因为中文口音问题纠正不了英语口音的，都是找借口。疯狂英语式的训练，一定能把口音练过来，怕就怕“认真”二字。有的同学可能会觉得口音不是什么问题，只要流利就可以了，雷军的英语不就是口音浓重，照样粉丝成群？但这里说的是找工作。如果你的事业可以做到小米那样的程度，当然不用在意别人的标准。但如果你暂时还不能，就把外界的评价标准当回事吧。

口音问题解决后，是流利与否的问题。这个也只能靠拼命练，好像找不出什么捷径。千万记得要把常用口语词汇多记一些，不然把外语的常用语式弄熟了，但流利地说着中式英语也挺减分的，特别是这个毛病还会在英语笔试的时候再次显露出来。

如果学习时间有限、学习能力有限，必须在口语流利词汇量不够大和词汇量丰富但口语较差之间做出选择，还是应该选择前者——先让口语的流利度过关。词汇不够还可以事后努力补，口语蹩脚直接就错失良机了。

但话又说回来，对于找工作来说，英语也没有那么重要，如果不进外企的话，它也就只是一个辅助工具；相对来说，中文在面试中所占的权重远大于英语。

本土企业的面试语言主要为中文，这时候中文的口头表达能力将决定你能否获得好企业offer的80%！当然，这80%里面包括了知识与素养的积累，夸夸其谈却言之无物的模式是不会受欢迎的。

口头表达能力绝对不是一朝一夕能够练习得出来的，就算面试的时候把个人简历、性格特点、兴趣爱好背得烂熟，到了别的问题上，还是会磕巴，所以这个能力越早开始练越好，不仅对找工作有用，对以后的升迁也是益处多多。仔细观察一下电视里或是身边那些政治、经济界的知名人士，哪个不是出口成章？哪个会对着镜头语句凌乱、心跳手抖？其实哪怕只是演员歌手，不靠思维吃饭的人群，说话若是没水平都会被人各种鄙视。何况读了大学要混职场的你，口头表达不过关，怎能确保自己得到的会是肯定和赞扬？

怎么才算口头表达能力好呢？

有的同学平时和小伙伴们聊天口若悬河、和室友聊八卦就根本停不下来，但这些和口头表达能力没有太大关系。面试需要的不是聊天，而是表达观点、展示自我，讲究的是逻辑清晰、用词准确、言语干练、表达流畅、从容淡定。想象一下拎着塑料袋买菜的王阿姨和拿着平板电脑谈论圣诞推广合约的张女士，都需要讨价还价，但所需要的技巧和范儿真的不一样。

口头表达，首先要不紧张。这个心理素质的获得除了练习就是练习。见了面试官就发怵甚至发抖，真的很丢分！多参加需要公众表达的活动，哪怕是课程作业的presentation也是一种锻炼，能参加演讲比赛就更锻炼人了，做到面对众人讲话不紧张就是极大的成功，许多人练一辈子都练不好。公众演说除了面试有用，更是未来当领导的必备功力！！但学校基本不教！

光是不紧张还远远不够！唠嗑的时候大家都不紧张，但那个绝对没有征服力。说话还要主题明确、层次清楚、重点突出、逻辑清晰，让听众很快能抓住重点、理解你、信服你。这些不是练嘴皮子可以练得出来的，练的是思维、练的是知识积累与逻辑能力，看书、思考、写专业文章，都是练习大脑的好方法。

口齿清晰、口音纯正的问题，中文英文都一样。说不清楚和腔调奇怪都是减分的，带点家乡口音不是问题，没准还能成为一种风味；但过于浓重的口音就是大问题，不管西北东北、湘赣浙粤，太浓郁的地方口音都会让人觉得此人甚少接触外面的世界，见识不够。不要说开国元勋们大多有浓重的口音，所以口音就不应该成为问题。一是那个年代没有推广普通话之说，各有特色本就是那个年代的特点；二是彼时今日的信息流通速度完全不在一个量级，现在的人随时随地可以听到纯正的普通话，那时的大多数人可能一辈子都只能听到熟悉的乡音。

凡是离开了家乡省份到别处求学的，口音都可以明显改善；多数在家乡附近的，口音就会固执得多。所以，口音问题不是改不了，而是愿不愿意努力改变罢了。

至于中文的写作，在笔试环节显示的威力还不太大，但工作后这就是一个莫大的利器。

我在读MBA的时候，有一位非常有远见的师姐就感叹，虽然说专业重要，但比起能说会道、会写文章来，那都差远了，能被领导重视的还是能说能写的人。那时候我的觉悟能力还不到，对她说的这个没感受，但记住了。工作实战，一次次验证了这句话的正确性。这些，到第五部分再细说。

但如果是与文案有关的工作，如推广、广告、营销、秘书、HR……文字在面试的时候就已经很重要了，直接影响到能否获得机会。练文笔，唯有阅读与写作了。前文所说的专业训练里，也强调过专业文章撰写的重要性，提升写作能力也是它的一个副产品。

所以，练英语口语的时候，别忘了把中文口语先练好；练英文写作的时候，别忘了把中文写作先写利索！

三、计算机技巧重要吗?

计算机的使用能力很重要，虽然面试的时候基本看不出来，但一进入工作状态，水平高下立即显露无余。这个水平会影响到你的工作效率，影响到上司对你的判断，这个能力的提高要比英语口语、中文写作容易很多，但也不是熬两个通宵就可以马上提高的。趁着在学校时间还充裕，抓紧练好计算机使用的各项技能吧！别等着入职之后再丢丑。

多数学校和专业是没有专门的办公软件使用技能课程的，也许是觉得这些东西没有技术含量，或是学校无法提供这方面的师资，总之就是学校不教、老师不强调、学生无意识的状态。因为无意识，所以学生们常常会觉得只要听说过这几个软件，可以输入一些文字，还能调整一下字体，那就可以算作“熟悉”；若是还可以用几个排版之外的功能，那必须可称为“精通”了。

校招新人最常见的问题是，认为自己挺熟悉那些常用软件了，比如Word、Excel、Powerpoint，在简历上一般都会写上精通各类办公软件。但这种“熟悉”只是他自己认为的，到了工作场所才知道所了解的只是这些软件功能的皮毛，任务来的时候手忙脚乱。

其实提高电脑使用技能方面的书很多，一种软件一本书，学完练熟基本可以保证使用过关了；另外，网络如此发达的今天，基本不用买书也可以找到足够多的使用技巧大全之类的信息。只要用心，这是个非常容易解决的问题。

需要注意的是：一、需要提高的是电脑使用技能，而不是编程之类的能力；二、电脑使用能力的重要远不及前面两部分所提及的两类任务高（专业学习、语言能力），所以是在时间允许的前提下去提升，而不是舍本逐末地放弃前两项来提升电脑操作水平。

如果是软件工程、计算机语言相关专业的学生，学习编程是属于第一点“专业需要学到多好”里面所说的事，在此不做强调了。如果以后肯定不会致力于“程序猿”角色（如精细化工、营销管理、广告学等与“程序猿”相去甚远的专业），花太多时间学计算机语言就有些浪费时间。

另外，计算机等级证书，远没有英语四、六级那样深入人心，主要原因还是这个证书重程序、轻应用，与企业使用的需求有偏差。

那计算机使用技能究竟怎么体现呢？

首先，要清楚地知道，对大多数办公室里的工作来说，Word、Excel、Powerpoint是使用最为频繁的三大法宝。

许多人都深深地感觉自己使用这几个软件的能力都还不错，能输进去字、能插些图片，会用sum、average之类的公式，甚至还能记得把字体调得好看一些。但这种良好的自我感觉，往往是由于不清楚别人的实力。

Word，上手容易，如果说有什么东西和工作之后的要求比较相似的话，那就是毕业论文。毕业论文是有严格的格式要求的，标题、目录、摘要、正文、参考文献等等，各处的字体、字号、行距都有严格的要求，这些要求与工作中的报告、公文的要求很相似。所以说，把Word用好，是要把这样一些习惯先养成，出手的文案首先从视觉上来看比较正规、专业（具体的要求见第五部分）。

其次，Word绝不仅仅是一个录入文字的工具。曾经带过一个应届新人，学习达人一枚，某天让他做一个视觉效果比较好看的信息汇总表，他思考半晌告诉我还是用PPT来完成吧，因为Word做不出什么效果来。我告诉他，不是Word做不出来，只是他不知道Word也有美妙的一面罢了。这其实就是许多应届生的共同特征。

Powerpoint，上手也容易，功能和Word很像。但这是一个展示观点与视觉效果的工具，所以这个软件的练习，目标在于做出吸引人的效果，而不仅仅是将内容整理在上面。当然，这里所说的“吸引人”并不是花哨，而是能够很好地配合内容展示的需要，突出重点，体现专业。这方面的出色案例在网上可以找到很多，稍微学习一下就会有所不同（看看许岑讲授的Keynote也可以收获不小）。这个工具在未来的企业中使用频率非常高，特别是向领导汇报的时候，能够提前做好技能上的准备，可以让你在机会来的时候更好地去把握。

比起前面两个工具来说，Excel上手的难度就会大很多了，但它却是一个能够帮助我们大大提升效率的好工具！Excel最重要的作用不是画表格、填数字，而是实现自动计算、自动更新与自动统计，然后这些自动还可以批量进行。我们都很怕大量的数据和临时的更改造成错误的不可避免。而Excel非常忠诚、一丝不苟地为我们准确地处理海量数据，只要我们最初构建的数据关系没出错，Excel就会不厌其烦地听从我们一次次的修改，最终给出正确的结果。但可惜的是，很多刚走出校门的新人都不知道Excel可以做这么多复杂的事情，只把它当成画表格的软件来用，实乃暴殄天物！

为什么学了那么多高深知识的同学，会不知道这些好工具的用法？因为学校没教也不计学分。为什么那么重要的东西学校不设专门课程？因为老师也不太会用也不太重视这些。为什么老师可以不太会用这些好工具，还可以不重视？因为学校和公司的逻辑不一样，老师的PPT可以做得很一般，但学生还是要认真看、认真学，职员的PPT做得太差会一直被上司骂直到做好。

所以，中国的高等教育一直被抨击是有原因的。培养出来的学生，进入职场之后连最简单的工作都做不好，都要在企业里从头培训，如何让人信服？做不好基础工作，不等于精力都放在高深学问上、就能做好专业难度高的工作了。专业工作如果没有人带，比计算机使用更加让你寸步难行，这一点会在第五部分细说。

除了常用的三大法宝之外，还有一些有用的可以让你在不经意之间绽放光彩的工具，如Photoshop、Project等等。当然，一些专业所特需的软件，就需要像学习专业课一样去认真学了，比如CAD之于设计。

当我们认识这些小技能的重要性之后，我们还得弄清楚一点：计算机在一个人的职场发展过程中起到的作用还是非常有限的。如果时间有限，必须做出取舍，还是需要先练好口才和文笔。

四、第二专业怎么选？怎么学？

如果你的学校还不错，只是专业被调剂坏了，或者当初年轻幼稚不懂事选了个不合适的专业，那么通过修第二专业来改变命运还是比较可行的选择；或者是认为本专业要做好，需要一些其他专业知识的补充，那就好好利用学校便利的学习资源，抓紧时间把相关专业的知识好好学到位。

前几天刚刚面试一位出色的女孩子。她的学校是全国数一数二的，但教育背景很特别：本科学生命科学，辅修经济学；研究生专业为西方经济学，同时成为某国外院校交换生学习金融学。女孩的综合素质非常好，口才出众、气质良好、才思敏捷，确实不太像学习“生命科学”、在实验室里做解剖试验的那种研究型。

所以问她，为什么7年里出现了这么复杂的专业组合。她略有遗憾地说，从小就很喜欢各种小动物，高中毕业选专业时觉得“生命科学”一定能有不少机会和小动物打交道，而且能学习其中的奥秘。结果上了大学才知道，这个专业和她的想象风马牛不相及，那些没完没了的试验让她根本提不起兴趣。而一次偶尔的机会听了一次经济学的课程才突然发现，那才是自己真正喜欢的专业，于是积极申请辅修，再接着就是考本校经济学研究生。由于这个专业很多同学毕业都进入金融行业供职，所以加修了金融学的一些课程。

虽然高考选专业的时候出现了凭想象的偏差（如果她或她的家长在当年她做选择时就通过这本书做了事前功课，这样的偏差完全可以避免），但由于及时纠偏还是让她在择业的时候拥有了比较大的主动权。这样的话，她投递金融行业就有了底气（金融行业需要一定专业背景的人以更好地理解所需投资的领域），但会略逊于那些专业路径根正苗红的，投递地产行业的金融相关岗位也还颇受欢迎。

但如果她执意坚持学习当初选择的生命科学专业，面对的麻烦就会接连不断——首先，她自己不喜欢那个专业和专业涉及的具体工作内容（解剖小动物），但又找不到其他的出路。其次，这个专业如果不出国读博士，而是本科毕业就找工作，基本是很难找到比较像样的工作的，因为专业太高深，本科生在这个领域能学的很有限；如果转专业找工作，她出色的学校品牌当然可以为她赢得一些机会，但相比专业对口的人来说，她可能最终与二类院校的学生所获得的机会相近。

所幸她及时做出了转向的决定，而不致耽误更多。

要知道，她的学校还是非常出色的，尚且遇到如此问题；其他没有知名母校做背景的同学，遇到的难题只会比这更难。

修双学位在武汉高校非常普遍，由于有三校联盟（武大、华科、中财）方便学生跨校攻读辅修双学位，同时因为这个影响，同城其他院校的学生这方面的意识也比较强，所以求职简历上出现双学位的学生比例非常高。特别是一些二本院校的学生，第一专业确实“不提气”，在就业市场上很容易被人筛选掉，但选修一个知名大学的第二专业，能够瞬间为他的简历大大加分。能否最终杀出重围不太好说，但至少能够获得一个进入重围搏杀的机会啊！

通常，在大学中修得两个学位的学生，只要不是死读书，通常是能够收获颇丰的。这样的学生在面试的时候表现出更宽广的知识面和更强的自信。也不乏这样的案例，学法律的学生通过学营销的第二专业，最终获得营销岗位的offer；学经济的学生通过学英语的第二专业，最终拿到英语要求很高的岗位的offer。当然武汉几乎是毕业生就业压力最大的城市之一，这里的学生普遍努力，如果不跟上大家的步伐，等待的可能就只能是待业了。

曾经招过一个毕业生，学校不算太牛，学的专业也不太牛——“建筑工程”。本来他非常热爱建筑学专业，无奈建筑学实在太热门，高考分数无法让他按自己的兴趣选择专业，最后只能在自己并不太热爱的专业屈就。作为一名家在深圳的“富二代”，同时又是185cm的阳光男生，他既没有因父母提供物质条件挥霍享受，更没有放弃自己的建筑梦想。他一方面努力学习自己的本专业，成绩优秀，同时又以优秀的成绩申请校内第二专业——建筑学。四年下来，拿到了双学位，也因为他的努力和双学位，获得了不错的就业机会。

当然，他的梦想还没有在第一份工作上止步。工作两年后，他再以出色的成绩获得海外留学的机会，继续自己的建筑设计理想。

而设想当初如果他没有选择第二专业，他就完全不可能在就业时获得建筑设计相关岗位；如果他一步步远离自己最初的梦想，他就很可能将梦想永远留在梦中，做一个不安于现状却又无力改变的叹息者。

不过既然要修双学位，既然想通过这个来改变命运，那就认真地学、认真地考，最后拿学分、拿学位，否则时间搭进去了，也没拿到可以证明曾经努力过、具备某些基本素质的结果。用人单位不会因为你们的学分表上多了几门课程的名字，就认为你在一个非相关专业上做好了足够的专业准备。

怎么算是把专业学好了？本章的第一部分已经详细说过，在此不做重述。

但第二专业与第一专业的主次关系需要考虑清楚。

对于那些第一专业已经比较满意的同学来说（自己喜欢，同时未来就业也比较有保障），修第二专业只是为了扩大视野、充实学习生活，那就首先要确保把第一专业学扎实，把成绩考到优秀、专业研究到透彻，再往第二专业上下更多的功夫。第二专业如果可以轻松学到出色当然很好，如果要费太多的精力才能取得好成绩，那倒不如让第二专业基本过关，省下来的精力去完成下一部分所说的“另外50%”，而不是终日只在挑灯苦读。因为另外的50%会让你收获更多。

但对于那些想要通过第二专业来改变命运的同学来说（对第一专业没热情，或者未来就业市场很不看好），对待第一、第二专业的态度可能就需要调换过来了——花精力学好第二专业，同时确保第一专业能够过关。

总的意思是，如果你的精力和智商足够，深入学习更多的东西没什么坏处。但对于大多数的普通学生来说，如果因为学习两个专业而无暇顾及其他，那不如干脆选择其中一个学习重点，省出来的时间和精力来扩展自己的能力（另外50%）。否则生生把自己训练成一个学习机器，弄得目光呆滞、书生气十足、与社会格格不入，最后对于找工作依然没什么帮助。

专业学习，只是帮助我们通往职业道路的一部分铺路砖，它不会成为职业竞技场的直通车，更不能把你直接送达职业巅峰。职业入门与发展所需的其他要素（另外50%），将在第三部分详述。

不过，也不是所有的第二专业辅修都可以成为你未来择业的方向。那些对专业要求特别高的专业，用人单位招人的时候还是更看主修专业的，比如：高分子材料、热能工程、车辆工程……这些看名字就很神秘的专业，通常还是第一专业更有竞争力。当然，这些专业一般也很难让外专业的学生拿到辅修第二专业的名额，拿学位就更难了。

这里再强调一次，任何企业都不需要书虫、书呆子，永远不要认为只要把学习搞好，未来就万事大吉！这样的想法会让你不断碰壁！

五、学校不好怎么办？

学校的牌子，是多少人心头的痛!!! 但有的人让这个痛成为过去时，有的人永远与这个痛相伴。因为有人在努力改变，有人在龟缩不前。

知道不好，为什么不努力去改变呢?!

就好像年少轻狂之时，喜欢上了一个小痞子，长大才发现错之又错后悔不已，这时候应该做什么呢？就这么凑合下去？让悔恨和不愉快加上父母的担心陪伴自己一辈子？

对这样的问题，一般人都很明确：断掉过往、重新来过。

学校也是一样，但学校又不太一样。重新找个人恋爱，对于尚且年轻的男孩女孩来说基本是件不太难的事。有青春做伴，各样的机会与心动随时上演，一个微笑一声关怀，都很容易触动年轻单纯的心灵。

但换一个学校，就要真刀真枪地投入精力了。换学校，要么复读，要么考研，哪条路都不容易。

选择换，难上一时；选择不换，可能会难上N年，N等于几现在不好说，因人而异，但N的取值范围80%以上落在［8，35］之内。

为什么这样说呢？学校的好坏，肯定影响刚刚毕业时的择业能力。一个不太好的学校导致进入一个不太好的单位，通过几年的努力，换到了一个稍微好点的单位，再努力几年，再换更好的环境。也许到毕业8年、10年的时候，你的经验已经可以完全让人忽略了你的教育背景，工作环境已经很不错了，那么因为学校带来的痛苦就结束了，当然这已经是非常幸运的结果。

也有更大的可能，是没那么幸运。因为毕业的学校不好，于是开始辗转于一个又一个的不太好的单位，一次次的跳槽想获得证明自己的机会，但一次次都只在类似的公司中徘徊，让你大展宏图的机会迟迟不到。这样的经历可能会持续10年、15年、20年，甚至延续到工作35年左右之后面对退休。

看一下父辈周遭的各层次人群分布，大概就可以估计出自己在50岁、60岁时，在自己的职业生涯最终尘埃落定时，看到的周遭情景。正态分布永远忠诚地在各个领域完成它的任务，时间推移、岁月更迭，都改变不了它的执着。

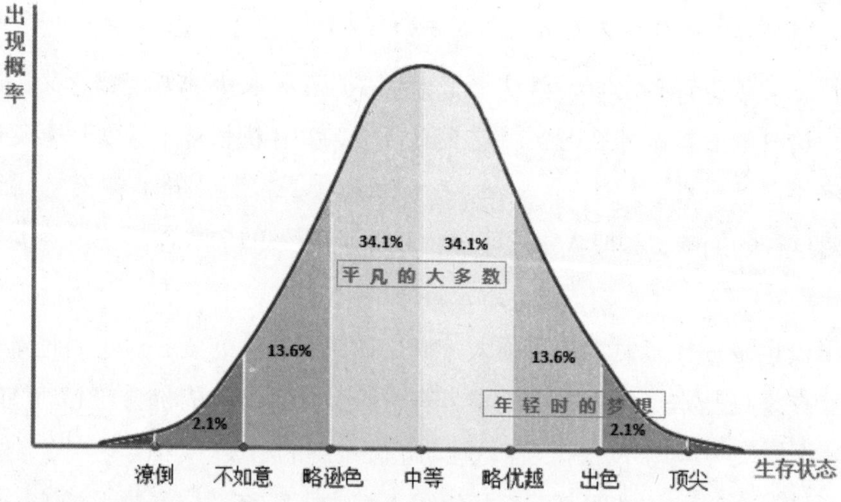

生存状态的正态分布

对于全社会来说，对于某一个年龄段来说，正态分布都一如既往地展示它的力量，落在中间阶层的永远是绝大多数，占到我们所处年龄段的2/3左右，我们可以称之为“平平淡淡就是真”。在这个区域，多数人尚且可以接受，它可以让我们过上柴米油盐的大众生活，有一个还算过得去的工作，但几乎不太谈得上成就感。在当前的国内，这种平平淡淡中还少不了面对一些生存的尴尬，如老人患病可能无法从容就医（医疗费很高），孩子想上培训班需要父母努力节缩其他生活开支……有一天，我们的经济足够发达，均值不再是2.9万元（2014年度全国年人均可支配收入约2.9万元，一线城市人均在4万元以上），中间地带的人群也能够享受真正的中产生活，那时的人们工作的压力就不会像现在这么大，或许便可以安心于中间阶层。

这个平淡的中间区域也是危机四伏的区域，如果30岁上下我们处于这个地带，那等到40岁时可能就要面对左边的13.6%了。因为后来的年轻人在成长，在他们的30岁，会有一批人脱颖而出占领右边的34.1%。

所谓后生可畏，在时代变化如此迅猛的今天更加如此。在90后的父辈（多数是60后）还在为有一份国企或事业单位的稳定工作（大多处于右边的34.1%）而颇感安慰的时候，这些90后的80后上司们，已经有不少能够收获几十万年薪，冲向右边的13.6%了——这就是时间给我们的压力，谁也逃不掉。如果说60后更多的是无奈，他们成长的年代无法给他们打拼的空间，那现在的90后、未来的00后，你们的空间足够大，可以靠自己的努力去争取很多。

在我们很小的时候，我们以为自己可以进入顶尖之上的那个区域，后来年岁渐长知道可能性很小，但我们的梦想也一直落在右边的那一侧，这本书也想帮助有心人让梦想照进现实。

生活是现实和残酷的，总会有一部分人会在左边区域徘徊，甚至非常不如意。所以，如果现在可以做一些改变，那就赶紧开始吧！不要让你的未来深陷左半边无法脱离！

相对而言，考研是一次比较公平的竞争，它的录取线没有地域差异，或许有一些本科背景差异，但比起考大学各省分数线的严重不公平，研究生录取分数的一视同仁可以给人更强的心理安慰。

当然，考研肯定是不容易的，要想在学校品牌上实现质的改变，更加不容易。但拼命复习一年获得一个更好的开端，比今后若干年郁郁不得志，哪个更不容易？年轻时的吃苦和年过40之后吃苦，哪个更不容易？

这十年的校招，每年都能看到不少这样的励志案例。从某师范考到浙大，从某学院考上武汉大学，从普通院校考到清华……每每看到这样的学生，总是为他们的奋进所感动，也为他们的父母欣慰。或许某些知名院校对一些排名靠后但考研能力强的学校会存在一些歧视，但同学们需要想清楚这一点，对于只会通过死记硬背获得高分，但综合素质存在明显不足的学生，不仅仅是名牌大学不喜欢，好的企业一样不欢迎。考研仅仅是为自己获得更好入场券的条件之一，本书第三部分所说的另外50%依然重要。

只会学习的孩子，未来成不了好员工！

高考结果不理想而复读，可能又是另外一种折磨——明知基本无用的习题需要一遍又一遍地做、一轮又一轮地考，而那些真正可以让人变得智慧、通达、有趣、有力量的东西，却基本学不到。虽然各界人士对目前的高考模式诟病颇多，但看上去一时还难有明显的改变。所以，不管应付高考有多么令人不愉快，如果确实属于考试失误型的同学，还是可以考虑复读重考一次。

不用抱怨自己的运气，更不用抱怨所处的机制，我们大多数都只能和别人一样去接受和面对这一切。如何在这个相对公平的机制中获得突围，才是我们需要思考并为之努力的。

平时非常优秀的学生（基本可以确保前10甚至前5的高校），高考失利只能进二本，选择再来一次或可以免去一生的遗憾。如果来年可以考上理想学校，不用抱憾终生；如果来年还是考得一般般，那可能就是命运的安排。

如果平时成绩不错，感觉基本可以考上前20的院校，最终只考了个普通的一本，这里要不要复读就应当谨慎考虑了。普通一本，是可以通过考研获得重点大学的另一个入场券；但高考的风险相比考研的风险就要大得多。第一学历是重要，但第一学历属于211院校的，有强大的硕士学历做补充，未来也完全可以获得不错的机会。

特别不建议的一件事，是为了上一个好学校，而特地选择非常冷门的专业。考大学只是我们人生的目标之一，但绝不是人生的终极目的，所以不要以考上好大学为终点。那些非常冷门的专业，很可能意味着四年后非常艰难地找工作。不要以为名牌大学毕业一定好找工作，企业的逐利本性决定了它要的是能为自己带来价值的，而不是虚妄的牌子。

当年的我也曾为高考、为学校而纠结不已，只可惜那时没有人告诉我这一切。懵懂跌撞几年，才发现如果不改变自己就只能坐看机会的流失，所以再难也要迎难而上。

人生中的很多难题都是这样，当你正与它交锋的时候，觉得它强大无比，让你内心充满恐惧，怕自己败在它的手下；但如果你破釜沉舟奋起搏杀，却发现难题其实并没有你想象的那么难，等你战胜了它，马上会收获到更强的信心和更大的喜悦。若干年后，你回首这些难题，你会庆幸是它们推动了你的成长，并且会感谢当年的自己，没有临阵脱逃，而那时的你再面对类似问题时已经内心强大、游刃有余……

改变自己的教育背景，也就只是这样的一个难题吧！

六、除了专业书，还要看些什么？

关于看书，大多数受过高等教育的人都不会否认它的益处，但具体要看些什么书对自己的成长有利，许多人并不清楚。

如果只看课程相关的书，有可能会成为一名好学生，但更有可能会成为一个无趣的人，一个缺少想象力、创造力的人——没有人希望自己变成这样，企业更不欢迎这样的求职者。

那么，大学时光中，除了学校发的教科书之外，还应该补充一些什么，才能够让自己变得丰富有趣呢？

● **专业延展类**

本章的第一节，讲的就是学好专业很重要，是未来的安身立命之本，也是用人单位对员工进行判断的一个基本依据，其中说到了专业学好的标志之一是专业知识的系统性。

事实上，教科书、专业课程能给你的专业知识非常有限，要把专业真正弄懂、弄透彻，还需要大量的相关阅读。由于每个人的专业不同，在这里无法给出具体的建议。但要提醒大家，如果你并不反感你所选的专业，你基本上还是希望未来能够以这个专业立足，那就花一些时间在专业的延伸阅读上。

这类延伸阅读的书目不少来自国外（主要是欧美）。并非妄自菲薄，而是学术类的东东，国内的研究成果确实还有一大段路需要走。如果能够直接看英文原版，那就更会有专业、英文的双重收益；至少也应该看这类书的中文译本，机械工业出版社、中信出版社、中国人民大学出版社、清华大学出版社都有大量这类书出版，通常学校附近的书店都有出售——如果你所在的学校学术氛围不够浓厚，可以去所在城市的985院校附近转转，一定能找到；你所在的城市实在连985院校都没有，那淘宝一定也能帮到你——如果你真心想看书学点东西，这些都根本不会成为难题。

本人曾因此获益良多。MBA期间狠狠地啃了一些原版大部头，看的时候痛苦不已（压力很大），之后在工作中需要运用的时候发现如鱼得水。不少人觉得MBA的教育太浮躁，学不到什么有价值的东西，其实师父领进门、修行在个人，学到学不到与自己的努力程度更有关。

不要天真地以为工作中没那么高的要求。没有需求，学术就不会有那样的进展。现实是，同样的岗位起点，专业见解足够到位的人，一定会在职业之初更容易获得机会。当然这里强调了“职业之初”，因为职业越往后发展，越需要专业之外的东西。

但对于专业见解这件事，需要再次强调，专业的系统性很重要，而这种系统性还要能够与实践相结合。如果不是未来要做科研工作，大可不必在某一个专业点上纠结得过深、耗费太多时间，因为现实的企业工作中，很难只让你在某一个点上开展工作，缺少专业体系和知识面的支撑会让你适应工作的难度变大。

当然，学校常常不这样认为。在我们的高校里，通常是本科生学不到太多有价值的专业知识，基本属于科普性的学习；研究生又一下收缩到一个狭窄的通道中，因为要写论文、发论文，没有一个特殊的切入点肯定写不出有新意的文章。但其实只学了一两年专业的同学能写出什么真正具有学术价值的研究论文？大多数都只是耗费时间。所以，在自己可以左右的阅读时间里，要把专业延伸阅读的度掌握好。

以我最为熟悉的管理专业为例，最基础的专业课“管理学”，至少要把罗宾斯的那本经典看到烂熟，最好中文译本和英文原版对照看，以防翻译的水平影响你的理解。这还不够，最好再找两到三本其他人写的管理学（国内国外的都可以）对照来看，看理论推演的过程和其中具体的观点差异。看完之后会发现很多东西大同小异，那些“大同”的部分就是最为共识、未来使用上最为频繁的部分。

同理可以推广到人力资源管理、战略管理、营销管理、财务管理等管理学的各个分支，更可以扩展到经济学专业、建筑学专业、土木工程专业等专业。

但专业延展类的阅读也要适可而止，千万不要把比较阅读当成了乐趣而沉溺其中。因为要做的事还有很多，还要给其他的书留点时间。

● 人文修养类

这个分类仅仅是为了方便归类说明，和图书馆的图书分类不是一回事。人文修养类图书包括历史、文学、艺术等等。从实用的角度来说，这一类的阅读显得最“没用”，因为除了学习历史、中文、艺术相关专业的人，对绝大多数人来说这些书看了是无法得到立竿见影的回报的。

但这里还是强烈建议大家花一些时间在人文素养的提升上，这也正是我们的学校教育非常缺失的一部分。

在我自己20岁上下时，虽无人指点，但幸运地读过一些堪称经典的好书，二月河的《康熙大帝》《雍正皇帝》《乾隆皇帝》。虽然并非正史，但比较生动、逼真地写出了一个宏大的年代，有政治、有情感也有人情世故，给年轻的心灵以强大的震撼，算是给当年那个20岁的小姑娘揭开了理解社会与人群的第一幕，加速了心智成长。

现在由《百家讲坛》推出的袁腾飞、纪连海、王立群等专业历史老师的历史课，既有专业背景又有语言趣味，同时绝不流于“戏说”，是学历史的好渠道。

认真地看历史，细致地品历史，可以让人收获到历史知识之外的更多东西——在那几十万字中，能看到数千年的荣辱兴衰，能看到王朝的起起落落，能看到帝王将相的来来去去。当你用心阅读过这些岁月，当你用心领悟过其中的风雨冷暖，你方能感知自己的渺小和微弱，方能满怀对生命的敬畏与尊重，从而懂得善待自己、善待周遭。

那些年，也曾跟风读过一些世界名著，《悲惨世界》《傲慢与偏见》《红与黑》《呼啸山庄》《茶花女》……但给予青葱岁月最大影响的一是《红楼梦》（作为女生表示对《三国》一直兴趣不大，但《三国》应该是男生成长历程中的必读本），二是席慕容的诗集，三是《平凡的世界》。

《红楼梦》的词句让人唇齿生香，而故事又让人喟叹伤感，最终它却将繁华与美好全部撕扯成碎片，让人满心悲凉却无能为力。曾读过不下五遍《红楼梦》，每一次都是对心灵的冲击，每一次都在硬生生地提高内心的承受力。

而席慕容的诗却永远灵动、唯美，有七里香的芬芳、有开花的树的美好，也有不少的失去和分离，但内心的美好不变，给人在内心深处留下一片纯真天地，这些年少时代留下的美好与纯真，是成年后再也不可多得的精神财富。

《平凡的世界》与现代生活的密切度远高于前两个作品，大多数人都始于平凡甚至贫寒，大多数人都对生命充满了渴望和期盼，成长途中的磨难和困苦，让一些人更为坚强，让另一些人溃败逃亡。只要为自己的期盼抗争过，无论结果如何，至少让平凡的生命拥有不平凡的历程，如此，足矣！

文学让你能够通过其他人的眼看到更广阔的世界，通过其他人的心感知更丰盈的人生，而不仅仅囿于自己的所知、所见、所感。而文学造诣，能够让我们更善于去描绘和表达，善于用他人所乐于接受的方式去沟通，这为你更好地感受人生在做准备，这也将在潜移默化中为你未来的职场铺平一段道路。

艺术，这里比较强调的是绘画、音乐等狭义艺术范畴。艺术是表达内心的另外一种语言，世界通用，这种语言可以让人变得高雅和富有情趣。如果说，因为没有从小受到训练而让我们很难做到精通这门“语言”，至少让自己学着去听懂、去欣赏，而不是回避走入这扇门。当我们能够从乐符中听到快乐和忧伤，精神的享受是无可替代的。艺术，又常常能够帮助人活跃思维、提升创造性，将来这些将为你的工作增添价值，也会为你的生活增加不少乐趣。

在90后还在襁褓中的90年代，苦哈哈的70后学生们想听听音乐还是非常奢侈的一件事情。当时，一盘尼古拉·德·安捷罗斯的吉他曲磁带《人们的梦》陪伴了我七八年的时光，让我足够早地明白了人们其实都是有梦的，只是有人一直记得，有人走着走着就忘了……

● 社会经济类

如果本就是学习经济类专业的，那么读相关的书就是专业的一部分；如果不是经济类相关专业，读一些这方面的书可让你在踏入社会后能够适应得更顺畅，包括宏观经济学、管理学、金融理财等。

宏观经济学方面的书让你能够正确地理解你未来所要生存的这个经济社会，究竟是以一种什么样的模式在运转，大家所关心的CPI、GDP，以及油价、房价、利率水平、金融危机等等都是在如何影响自己的生活。格利高里·曼昆的《经济学原理》《宏观经济学》都是世界通行的读物，如果不喜欢这样的译著，中国人民大学版的《西方经济学》也不错。非经济专业，读一本就行了，懂得基本的知识，才不会轻易地被新闻所左右，才不会在自己的生活受到大环境影响时怨天尤人，甚至可以利用这些理解做正确的投资（当然，要做到这一点，少不了看一些金融理财方面的书）。

不要觉得投资理财是一件和自己没什么关系的事，职场中的你我，如果不能够有效利用投资工具，就只能够依赖唯一的收入来源——工资，年轻时不觉得有问题，但对于处在较强不确定性中的40多岁人群来说，是比较有风险的，而我们都不可避免地会走到40岁。不要拿父母的情况来比照，那一代人绝大多数在体制内生存，发不了大财，但也基本不会吃不上饭。这个话题有些远，暂时不在这里展开了。

管理学方面的书帮助你理解企业环境。企业中的各种行为都有背后的管理原理在支持，如果有这方面的知识储备，在进入企业之后就很容易去理解这些行为，进而适应企业环境，而不是样样都觉得新鲜新奇，事事都要从头适应。对于那些父母不是企事业单位工作人员的同学来说，自己从书本中寻找背景知识会很有帮助。管理学的了解，看上文所提及的罗宾斯的《管理学》就足够了，也不必像管理专业的同学那样去深究（中英比照阅读和不同版本对比阅读），有个大概印象就可以。

当然，未来要适应企业环境，还有一个很重要的因素需要去了解，那就是“人”。如果说去逐一研究心理学的各个专业课程会比较耗费时间，那至少看一看《组织行为学》（罗宾斯），这本书会告诉你个体、群体、沟通、冲突等事情的原理。到了企业和社会中，人际关系不再像家庭内部和班级内部那么简单，有一些基本的知识能够让你从象牙塔中走出进入社会时，不会被种种人际问题困扰得招架不住。

当然，对于不少有志于未来从事管理岗位的人来说，好好阅读现代管理学之父德鲁克的系列书，一定能让你受益匪浅。《管理的实践》《管理：任务、责任、实践》《21世纪的管理挑战》，都能帮助你建立管理思维；而他那本广受赞誉的《卓有成效的管理者》更能让每个读过的职业人都受益终生。

不要觉得自己是学工科的、是准备以后当公务员的、是要去做医生的，因此这里所说的社会经济类知识就可以适当忽略。我们逃不开这个经济社会，我们回避不了衣食住行，无论我们从事哪个行业都要用自己的劳动（或者说是智慧）去交换货币，再用货币去交换自己生存、生活所需的各类商品（包括精神的和物质的），所以越明白自己所依赖的这个环境，越能从容地应对甚至驾驭并从中领略乐趣。就好像多数人并没打算去做出租车司机但也会考取驾照，没打算当电脑维修工程师但也学会处理基本的软硬件问题——

不会开车、不会电脑能否生存？当然可以，只是不够方便、有时可能还吃点亏罢了（比如修电脑）。

● 小说传记类

对于小说，可能大家容易出现不同的见解，特别是为人父母者常常倾向于认为看小说浪费时间。但我想说的是，小说可以让我们去看浓缩的人生，这是此处强调这类阅读的原因。

看小说如果仅限于看故事，那么读小说就显得有些浪费时间。但如果你能够从小说中读出关于人生、关于职场、关于个人成长的各种感悟，并把它们用到自己的成长中去，那么小说的价值就是巨大的。

能够起到这种作用的，可不是各种言情、武侠、科幻、穿越类小说，个人对目前网络阅读中可以看到的许多这类小说实在不敢恭维，无论文笔还是故事结构都缺少足够的水准，更不用说从中汲取养分了。

哪些小说可以帮助我们呢？

首先是职场类。前些年非常红火的《杜拉拉升职记》确实是一本不错的职场小说，作者显然是在职场打拼过的，可以把职场中的许多细节描写得非常到位，特别是人与人之间的微妙关系。当然也把职场中的工作要求、工作细节写了出来，所以其中能够让在校生或是职场新人学习的东西确实挺多。当然，其中为了小说而进行的改造也很明显。小说要来源于生活，却又高于生活，所以看的时候不要全信，更不要完全被男女主人公的各种爱情故事吸引得忘了方向。

出色的职场小说仍比较少，可能职场中做得明白的人没时间去写小说，做不明白的人也写不好，而专业的作家又缺少真实的企业体验。这些体验不像体验农村生活那样直观，脱离了现实的业务、现实的人和事，说起来就很难让职场中人产生共鸣。

此外，适当看一些官场小说，如王跃文的《国画》《官场无故事》，王晓芳的《驻京办主任》，周梅森的《我主沉浮》《至高利益》，黄晓阳的

《二号首长》等。虽然小说中的一些场景可能会让尚在纯情年代的你感觉到不适甚至不齿，但它反映的都是中国人在职业环境中的特殊心理特征。那是社会丑陋的一面，你早晚要面对，与其到时毫无防卫地突然身处其中，不如提前让自己做好心理准备。

其实有不少人，工作十年八年才真正接受适应这一切，甚至还有不少人终其一生都无法让自己顺应。或者有人会觉得留一些众人皆浊我独清的高傲可以让自己内心有所慰藉，但是不是为了这一份慰藉值得你用上一生的职业发展做交换？而那所谓的高傲，往往也不过是传统“读书人”的陋习之一罢了，不能适应社会的、不能接地气的“读书人”最终无法为社会、为企业、为自己创造价值。

说到传记类的书，通常得到的认同度会高一些。《乔布斯传》《邓小平传》都会引起一阵阵的购买风潮，只是有人拿来当八卦看热闹，有人当成精神大餐在吸收养分。热闹永远是别人的，唯有吸收成为自己的一部分才能让自己有所收益。那些看了巴顿将军、斯大林、毛泽东的传记后，依然怯懦萎靡的人，需要的不是看更多的传记，而是给自己施加压力做出改变。

对于职场人来说，有几本个人比较推荐的职场传记值得一读，王石的《道路与梦想》、绿地的《势在人为》、高建华的《笑着离开惠普》等等。读企业人的传记，可以帮助年轻人更直观地感受企业、感受企业人在成长中的种种不易，从而明白自己若想在未来有所收获首先必须有所付出。

除了上述建议阅读的书之外，如果你还有时间，去看一些你真的喜欢的东西，比如诗词歌赋、天文地理、科技探险，这些阅读会让你成为一个有特色的、与众不同的你。说真的，工作之后很难再如此任性地去支配时间了，因为如果你想做一个出色的职场新人就几乎没太多空余时间可以支配，而在少得可怜的时间里还要去为职业做太多的积累，那时才能体会什么是身不由己。

还需要特别提醒的是，认真地去读“书”，而不要被微博微信这些碎片化的信息所绑架。那些所谓的总结式的文章，诸如“30岁前最应做的十件事”“马云成功的五个理念”“成熟男人的十个标志”等等之类的文章，你根本无法知道这些文字出自什么样的双手，作者的阅历水平、论证的严谨性都是被打问号的。如果你对世界、对人的观点主要来自这里，那很可能会让自己拥有一个凌乱的世界观、价值观。

认真地去读“书”，特别是那些来自真正高手的上乘之作，通过自己的阅读、理解、消化、吸收，最终在自己内心中形成的、可以让你自己充分认同和应用的观点，才是真正能够陪伴你、支持你的“营养”。

七、那么多重要的东西，学得过来吗？

比起高中的紧张，大学再忙，生活也都基本还能落在轻松、愉悦的象限内，完全不用担心上大学的任务太多完成不了。事实上，到这里还只在说大学里要修习的第一个50%，另外的50%也需要花费不少精力的。如果说感觉忙不过来，那应该在时间管理上努力，提升时间利用的有效性，而不是抱怨时间不够用。

一届又一届的应届生里，已经有N多人在大学期间搞定过这一切，甚至其中的一些人做得更为出色，说明四年时间里完成这些“学习”任务和“成长”任务，是完全没问题的。

不要老是担心自己的学习能力比那些学霸差，担心自己的智商不如别人。就算高考已经扩招到如今这个地步，高考那一关依然挺难的，高考能够足够有力地帮我们完成智商筛选工作，所以完全不用担心是自己的脑子不够好用，所以自己没机会拼过那些人。

有一句话说得好——大部分人的努力之低，根本没有到拼天赋的地步。

最可怕的想法，是觉得把高考都挨过去了，以后就是一片光明、一片坦途，用高考的胜利可以换来一生的安逸舒坦。所以大学的生活就是打游戏、看美剧、打牌……然后，拼命复习半个月应付期末考试，就感觉自己非常悲壮了，就需要用长长的寒暑假来犒劳自己的“拼搏”了。对此，我只能说，太骄纵自己了！

社会和职场永远没有老妈式的关怀和宠爱，在你还拼得起的年龄不学会怎么去拼，等别人都刀枪剑戟地杀入江湖的时候你到哪里去抢地盘?!

高考，说白了，就只是一张入场券，让你有机会参与“人生争霸赛”职场赛区的比赛，这场争霸赛还有创业赛区、拼爹妈赛区、拼干爹干妈赛区等等。每个赛区的入场券不一样，但只有职场赛区和创业赛区的入场券有我们个人努力的空间，别的赛区是否也像这样厮杀激烈并不重要，因为大多数的我们并没有选择的机会。而创业赛区，对于绝大多数人来说，通过海选入围三十强、五十强的概率比职场赛区要小得多，所以，在职场赛区拼杀成了大多数的我们唯一的选择。

就算选择了创业赛区，那里的艰辛程度一定远胜职场赛区。如果在职场赛区搏杀都嫌辛苦，那选择创业赛区的话，基本可以在一开始就看到败北的结果。

当我们拿到这样一张人生争霸赛入场券的时候，就应该清醒地认识到，真正的战斗才刚刚开始!

大学这一段时光，与高中的主要区别是，可以自主地去学一些自己喜欢学的东西（前提是专业选对了），可以扩大知识面，而不是在一个个没太大实际价值的知识点上反复死抠。但高考的巨大压力卸除，并不意味着可以无所事事信马由缰地打发日子；就好像正式进入工作角色之后也一样几乎不再有被安排的考试，但实际上压力更大。大学，只是在帮我们在做争霸赛的热身和预演。

这么多东西，怎么能都学好呢？无他，唯努力尔！努力，不是用蛮力，合理分配时间、提升学习效率、减少时间的无谓浪费，才是解决问题之道。在这时养成的好习惯，也能让自己在未来的工作中受益。

专业、英语、计算机、第二专业，说起来其实内容也并不多，这些内容最多应该占到全部可用时间的50%，因为还有第三部分将要说到的“另外50%”的事情需要做。

对在校大学生来说，一天全部的可用时间就是除了吃饭睡觉如厕之外的剩余时间，一天可以用于支配的时间至少有12个小时。

这12小时里面除了学校已经安排好了的上课时间外，平均每天能够有6小时左右可以完全地自由支配，硕士研究生的自由时间更是大把；此外，还有不用上课的周六、日，还有长得近于奢侈的三个月寒暑假，足够我们去学很多应该学的东西、做很多我们自己想做的事。

那些可以在大学四年学习很多东西的同学来说，具备一个共同的特征——自制力强（可以先告诉大家，这个特征是未来职场成长非常必要的一个特点）。

有效利用时间可以从这几个方面入手：

● 不要浪费课堂时间

在课堂上课的时间在学生的可支配时间中所占比重还是比较大的，而且课业本身还是要完成好的。所以课堂时间不要浪费，否则会把可用的时间打了大折扣。

如果是颇有价值的专业课，那就聚精会神一丝不苟地听吧！专业是你未来安身立命之本，在没真正弄懂之前，不要轻易去说老师差、课本差而不值得听。首先，无论教授是否出色，你未来都要有一技之长来面对自己的人生，千万不要因为别人做得不好而影响了自己的未来。

再者，能够做到教授、副教授的人，书还是读了不少，文章也发了一些，至少在他所擅长的领域是有你可以汲取的营养的，甚至他看过的一些专业书、欣赏的专家，都有可能对你产生启发。

不要放弃任何一个机会！

如果某些课实在无用，而且老师并不要求签到，那也不妨适当缺课。但缺课不是留出时间睡懒觉、打游戏，而是把时间用在有用的课业上。去图书馆看书也好，在自修教室写文章也好，保证时间还是花在了课业上。

不要觉得缺课就是坏孩子，不懂得做正确的选择才是真正的傻孩子。

● 精细规划课余时间

只要课程表是既定的，课余时间就是确定的。

课余时间不仅仅包括不用上课的下午和没有选修课的晚上，也包括了早起的清晨、餐毕的黄昏、熄灯前的夜晚，这些加起来会为你的每一天增加2个小时左右的时间，就看你是否懂得珍惜了。

个人曾在MBA期间，坚持早上提前45分钟到学校，8：30上课，7：45开始背单词、背词组、背常用口语；还坚持晚餐后，许多人选择在寝室聊天闲扯的时间（校园的晚餐都比较早，通常5点多就结束了，晚自习通常7点才开始），拿着磁带随身听跟着Crazy English练口语发音。那一年多时间，进步非常明显。

至今都非常怀念那样一段单纯的时光，各个角落里都有这样努力的身影，那些MBA同学都已经在职场经历过或长或短的打拼，回到校园后异常珍惜校园时光。如今，那些曾经懂得珍惜、异常努力的同学，个个都非常出色、非常优秀。

那些大块的没课的下午、晚上，一定要规划好内容。内容不一定非要是看书写字背英语这样的活动，跑步打球做公益做社团，都是可以规划的内容。

但不要无所事事地浪费时间。

你以为青春无限漫长，其实它倏忽而逝……

● 充分用好暑假时光

暑假，要么读书，要么实习。

可能有的同学希望有这样的时间去旅行，也可以，但最好是自己勤工俭学挣来的旅行费用，否则不如等自己工作了有收入之后再去安排这些。大学生已经成年，不要再心安理得地伸手向父母要钱去满足自己那些小虚荣、小任性。

以当前的就业形势而言，能够找到实习单位的，尽量去实习吧，早点面对社会比一直待在象牙塔中扮单纯要强。但实习的时候，也一样可以在下班时间安排读书任务。

如果不凑巧，没有找到实习，那请一定把从早到晚的时间排上读书日程，也把书目提前安排好，甚至把每天读书的页数都规定好。这样一来，一个寒假、暑假结束后，你会发现自己的学识像抽条期的身体一样噌噌变高！这也是本人在学校期间的一个最大感受。一个暑假过完，比上完一学期的课收获还大！

不用觉得这样的寒暑假太辛苦，比起未来没完没了的上班、加班、绩效指标、业绩压力，当学生时的这一切都太轻松。而此时的一切努力都在无形中帮助未来的你减压、增值。

前两年，有一篇关于哈佛学生如何争分夺秒学习的文章被大量转载（随手百度即可看到，这里不复述）。只想说人家都已经那么棒了还那么用功，我们还要为自己找理由、做开脱吗？这个世界最可怕的是那些比你优秀的人比你更努力。别人可以做到的，你为什么不能做到？

借用里面的一句话："到了哈佛，你才知道真正的精英并不是天才，都是要付出更多努力的人。"

So，收起所有的理由、借口。努力吧，少年！

八、为什么好多成绩不好的人反而混得好？

在这里，首先要澄清一个事实，就是我们现在的教育机制所评判出来的好成绩、坏成绩，和未来的成就大小，确实没有足够强的相关性，只是对找工作有直接影响。

差学校、差成绩，在刚刚毕业的时候比较难找到好的工作（包括单位好、岗位好、收入不错、未来有前途等要素），而这正是本书关注的重点。所以在前文中再三强调要取得好成绩，要拿奖学金，要考专业证书。

但一个好的起点，并不代表一个灿烂的未来。

如果有机会，可以向大企业的HR了解一下，即使是同一批毕业、接受了同样的培训、享受着同样的工作环境、面对着同样的成长机会的人，三五年后，人的差距还是会一点点拉开，十年后的差距就会非常明显，足以让人羡慕嫉妒恨。

从学校进入社会十年，所处同年龄层的社会阶层构成就基本已经成型了，少部分人成绩斐然，少部分人郁郁不得志，多数人处于比上不足比下有余的状态。但哪怕是你初中的同学圈，有些只读到高中、中专就止步的人群中，也会有少量的人做得不错，处于那个人群的塔尖，但那样的个例并不代表全部。大学毕业的同学圈，与中学毕业就入社会的同学圈，虽都各有特别出色和特别不得志的一小部分，但这两个正态分布的中间值会不一样。有过大学教育的人群，中间值更高；毕业于一流院校的人群，均值还要再高一筹。

所以，常常让我们困惑的，是那些当年成绩不太好的人居然有人混得很不错了，而当年的好学生却有些郁郁不得志。那是因为我们在用一类人群的最好极端在比对另外一个人群的最差极端。

这里所说到的还只是“职场赛区”的情形。有一部分人在职业之初或者职业的中途选择了创业，那么，他们的生存法则和这里又会有很大的不同，他们的未来也与在校成绩无关。腾讯的老板毕业于深圳大学，搜狐的老板毕业于清华和麻省理工，二者对IT的影响力都颇为深远，同为上市公司，腾讯的市值十倍于搜狐。当然，创业人群不是本书分析的重点，就不再多述。

再回到职场赛区的规则。在校成绩和未来的长期发展，也是完全不同的两件事。教育背景好、成绩出色可以为你带来很多好的先决条件，如果先决条件不如人，就会在找工作这个环节拉开差距，未来形成的差距可能会越来越大。但先决条件好也并不等于一个特别美好的未来，每一类人群最终还是会区分出三六九等。那为什么会有这样的差异呢？为什么不能够在一开始，就把影响到未来职业发展的所有要素，都放在在校成绩评判的要素里面呢？

这就是我们教育的差距，与社会的脱节。

那么最终会影响到我们长期职业发展的那些要素有哪些呢，除了学习成绩之外？

包括积极乐观、主动自觉、承受压力、关注细节、善于协作、精力充沛、形象专业……这些也正是在第三部分所要强调的。

事实上，学校对这些东西的要求实在太少，我们的父母，甚至包括我们自己，在这方面常常有所忽略。但进入职场之后，这些要素对一个人发展的影响，远远胜过学习成绩，甚至远远胜过毕业于哪个学校、哪个专业。

我们从小学到大学所接受的所有教育理念，都在告诉我们太多的服从、被动、听话，而教会了我们太少的主动、积极、思辨。所以，我们习惯于去做那些被要求去做的事情，而不能够用自己的头脑去思考、去判断哪些更加重要！

甚至有很多家长，在孩子即将出门上大学的时候也一再嘱咐——学习搞好就行了，不要管其他的事情；不要谈恋爱，好好学习成绩好了以后才能找到好的对象；等等。殊不知家长的短视、狭隘，为孩子未来的发展埋下了多少沟沟绊绊！

麻烦家长看一下自己的周围，那些职业发展顺风顺水，最终能够做到比较高位置的人，多数都是什么样子的呢？他们中的很多是主动、坚强、努力、乐观、有思想、不会为所谓的面子放弃自己的未来。有谁真的很在乎他们当年的学历？再看一下，你们的周围是不是很有一些学历貌似不错，但是郁郁不得志的人呢？

所以，麻烦不要先忙着抱怨老天不公，不要老去埋怨自己遇人不淑、命运多舛。成年之后，命运的很大部分还是把握在自己手里的。

所以，还是要仔细地看一看接下来的这一个部分：大学里的另一个50%（综合修炼）。

第三部分

青春无悔

——大学里的另一个50%

（综合修炼）

这个部分，其实很需要为人父母的看一看。现实中，很多父母非常明白学习的重要性，但不知道学习之外还有不少重要的东西存在，有时甚至因此耽误孩子的成长与成熟。在一年年的校园招聘中，看到的多数孩子是木讷、胆怯、生涩的。没错，是“多数”！可能这样的一些特质会让父母觉得孩子很“乖”，殊不知这是在害他！

本书以找到好工作为目标，所以就以这个目标为核心，分析那些关键的要素。

任何事情，在我们谈论解决方案的时候都要以目标为导向，比如以下的内容并不能指导年轻人找到一个好的结婚对象或是做好创业的准备，甚至，它也不足以指导他们在未来的工作中取得良好的成绩，但对于就业，这些要素非常重要。

我们从小都在接受一个逻辑——不好好学习，就考不上好学校，上不了好学校，就找不到好工作。其中暗含的想法是，好好学习就能上好学校，上了好学校，就能找到好工作。但真的是这个逻辑吗？事实上，大量的孩子在接受了16年、19年的教育之后，哪怕在取得了一纸出色的文凭之后，呈现出来的却是怯懦、沉闷、自卑、孩子气……和职场所需要的特征大相径庭，这是为什么呢？

至少两个方面的因素是很重要的——家庭的培养模式和学校的教育模式。

关于家庭对孩子的影响，韩寒的一段话很有代表性：“中国的情况是，很多家长不允许学生谈恋爱，甚至在读大学了还有很多家长反对恋爱，但等到大学一毕业，所有家长都希望马上从天上掉下来一个各方面都很优秀而且最好有一套房子的人和自己儿女恋爱，而且要结婚。想得很美啊。”

应该说这反映了中国式父母的一个侧面，除了恋爱与结婚这件事之外，在孩子各方面的成长上都有类似的矛盾。

从小天天批评孩子，语文比老张家的孩子差，数学没有老李家的孩子好，学习不够认真，连说话都不如别人利索。在长年累月的批评中长大的孩子，自信心在哪里？

大小事情都为孩子做主，今天该穿哪件衣服、哪双鞋，应该学美术还是学钢琴，该选文科还是选理科，该选哪个大学哪个专业……被动接受惯了的孩子，怎么能够培养出独立的思维与判断？

全部心思都只为学习、为分数、为高考，尽量少参加活动、少出去玩、少和其他熊孩子一块闹腾浪费时间……一个对世界和人群缺少基本认知的人，未来突然被扔到面试官面前，他如何能够镇定自若？

当然，现在的家长对独生宝贝还有另外一个极端就是舍不得提要求、批评，一切以孩子为中心，孩子怎么都对、怎么都好，生怕他受一点挫折、受一点压力……

在此，特别想奉劝各位父母，为了孩子长远的未来，在他成长的重要阶段，请给予他们科学的爱与关怀，既不要溺爱，也不要苛责。一个心智成熟的人，不但在找工作的时候会有极大的优势，到了未来的工作岗位，也将更有竞争力；而心智成熟更是优雅面对人生的必备条件。

这里并不准备展开说教育心理学、发展心理学方面的内容，只希望父母看清楚未来的需要，并在过程中向着目标去使劲，而不是向着自己的偏好去使劲——有几个孩子的父母是可以左右这个世界的？

关于学校的教育模式，已经有众多学者、公知进行了若干年的抨击与痛诉。那根高考的指挥棒扼杀了太多年轻人的创造力、想象力以及对生命的热情，再加上不计其数的用分数来青睐或贬抑学生的老师，最终向社会输送了大量的考试机器。无穷无尽的背诵、做古怪的题、用中心思想去学中文、用语法单词去学外语，结果，背诵的那些所谓经典并没有带来文学修养的提升，那些古怪的题仅仅用于应付高考，最终写不好一篇会议纪要，说不出真正的英语。

一到高考季，微博、微信就开始流行测“智商”，工作五年、八年的人，基本都做不出那些神一般的高考题了，其实是基本上连看都看不懂题目是什么意思。但就为了这些“屠龙术”，我们都曾倾注了全部的少年时光。

如果放在企业，做这么多无用功，大概早就会被老板骂到狗血淋头、扫地出门，但是我们的中学就能如此坚持下来，而且可以把一切变得越来越糟糕！

大学，能够教的有用的东西更是少之又少，本来所教的东西与现实的工作就存在巨大的鸿沟，而且知识更新的速度远落后于时代发展的速度，所以不要指望在大学仅凭认真学习而获得竞争优势。但大学至少有一点比较好，课业的压力不再大，可以有较多的时间自我发展。

如果说，小学、中学都是身不由己，那大学阶段则是可以自我救赎的最佳时期。如果这个时候还是在一心只读圣贤书，才是真的麻烦大了！

一、修炼谈吐气质，让你少奋斗五年

谈吐气质，大学没有开设相关专业课，也没办法带给你学分或是证书，但谈吐好、气质佳，会在面试、汇报、搞定客户、搞定上司等一系列关键环节一次次帮你，会在无形中让你更容易获得别人的信任、认可和好评。

有如此神奇功效的谈吐气质，究竟是什么样的呢？应该怎么来修炼呢？什么样的谈吐气质会让人欣赏呢？

我们想一想主持人、演说家、财经大腕一类的人物，这些人呈现出来的共同特征是什么呢？自信、有气势、言语流畅、言之有物、富有感染力、吸引人的目光。对，这就是我们所需要的！担心这样的要求太高？即使我们不能成为主持人，至少我们向着这个方向去努力。

所谓“腹有诗书气自华”，但千万不要误以为只要读过诗书气质就马上变好了，读书只是让人气质提升的渠道、因素之一，只是必要条件，而不是充分条件。

那么，关于谈吐气质，我们自己可以做些什么呢？

关于谈吐，在第二部分的第二点有关对中文能力的培养中，已经讨论过提升口头表达能力的问题，方法和标准都已经说过，这里不重述。多给自己机会练习，一定比不练效果要好。

多看看演讲、主持方面的视频，多思考、多模仿、多练嘴皮子、多在人前展示并听取别人的意见，坚持练一年，口头表达这件事就可以解决七八成了。比起应付高考时的那些古怪的试题，练习谈吐难度系数其实并不高。

建议这个练习一定要做，而且一定练到位。有了这个本领，面试成功率将大增，特别是初面的成功率会很高。

当然，光是嘴皮子利索还不够。

曾经有一次面试一个学工商管理的男生，非常自信。但是在整个面试过程中，他的语速实在是太快了，已经到了让人觉得听着不舒服的程度，于是我玩笑地提醒他“语速赶上华少了”，但他就是无法减速，直到面试结束。这样的口头表达，让听者难以充分接收信息和处理信息，也会因为速度而少了抑扬顿挫，从而缺少应有的感染力，想象一下他和别人沟通工作或是向领导汇报将会是怎样的可怕情景。最终，我们只能放弃这个候选人。

多看看财经主持人和企业家的访谈，可以帮助找到正确的感觉。

比练口才难的是锤炼自己的气质。

在面试的时候，许多面试官都有一个共同的感觉，有的人，一看到就觉得愿意录用，不是因为候选人长得多么好看，而是候选人整体看起来聪明、可信、舒服；而有的人，学校、成绩也都不错，面谈表现也可以，但总觉得差一点什么，于是被放弃或列为备用人选。

这里的微妙要素就是气质。

气质，很难以具象表达的东西，可以意会难于言传。但对于职场而言，做到落落大方可以比较好地契合面试的气质需要。

总的来说，现在的应届生越来越大方了，和他们成长的环境越来越开放、从小接触的人与事越来越多有关系。但从面试来看，真正能够做到落落大方的应届毕业生，其实不到一半，有不少人工作若干年之后依然还不能从容应对严肃的大场合。通常来说，见识越广就越从容，越没见过世面越容易瑟缩。本山大叔在小品和电视剧中都曾塑造过一些形象，小品中的小人物与电视剧中的土豪，在气质的表现上有明显的差异。

见识，还不仅仅是指看过多少书、上了多少学，而是与人、与社会的互动有多少。从小就天天被关在房子里看书学习的孩子容易产生畏惧感，从小被父母打骂贬低的孩子容易不自信，缺少玩伴或关爱的孩子很难展现明朗、阳光。这些，其实是父母应该特别注意的。

对于学生自己来说，无论在大学之前的成长路上我们遇到过什么，进入大学之后我们还都能为自己再做一番努力。永远不要抱怨父母没给你什么，永远不要抱怨上天没给你什么，只要给了你生命和头脑，一切可以自己努力来获取！

气质好，至少这几个方面要注意到。

昂首挺胸！昂首挺胸与低头哈腰之间的差异，可以仔细参看一下当年著名的小品《实话实说》里小崔与大叔的形象差别。当然，那里面的大叔形象是塑造出来的，本山大叔在现实生活中也是昂首挺胸的。昂首挺胸表达的肢体语言是“自信”，公众人物几乎没有低头哈腰出现在镜头前的，因为那是大忌。

说话看对方的眼睛！这是许多同学做不到或不敢做的。注视对方既是一种礼貌，也是一种展示自信的方式。不但要敢看同学的眼睛，也要敢看老师的、面试官的。但不是死盯着眼睛不放（那是真的不礼貌了），目光应该在对方的眼睛中间到嘴巴两角的三角区域，间或有一些目光的交流。

面带笑容！面试是非常讲感觉的，基本上没有人会对一直拉着脸、表情冷漠的人感觉良好。这里也不用批评面试官不看本质看表象。十分钟、二十分钟，最多一个小时的面谈，能够看到多少本质？但表象是可以看得清清楚楚的。本质，还有三个月到一年的试用期可以考察呢！笑容，是基本礼仪的一个部分，也是在第一时间与面试官建立良好氛围的关键。所以，练习笑容，让自己笑起来温和、自然、不僵硬，马上多了几分胜算。

不要有小动作！说话的时候，可以用手势来增加言语的影响力，但千万杜绝小动作，它会瞬时出卖你内心的紧张、恐惧。比如不停地搓手、不停地捋头发、神经质地把小东西（笔、本之类）拿起来又放下、双腿抖动、身体摇晃等等，这些动作当事人可能都没意识到，但面试官会尽收眼底。

这些习惯，如果仅仅放在面试前去练习，很可能还没成习惯就要匆匆上场了。所以，早早开始练习吧。这些习惯对未来的职场也非常有用，而且在一些如答辩、表白等等之类的重要场合，一样具有强大的作用。

想象一下，一个昂首挺胸、面带亲切笑容、说话时与对方眼神交流、双手和身体放松安稳的人，是不是很容易被人第一眼看好？那么，在脑中浮现与这个气质型男或美女交谈场景的时候，出现的肯定是一个西装革履、头发整齐的人，而不是衣服皱巴、头发散发异味的形象。

所以，另外一个要素也绝对不能忽略，就是衣着打扮。

二、着装打扮，绝对不是一件小事

这个部分，千万不要小看！

相对于其他的准备，这个部分可能是花时间最少（但需要花些钱），但效果最为直接的。也许它没有专业学习、英语学习之类显得有格调，但这看似简单的细节，成了多少人，也败了多少人！

或许有些人会觉得一个学业有成的人居然要用外表去取悦面试官，是非常没有专业水准的；可能会觉得才华才应该是用人方最重视最关注的东西。但现实是，一线企业里面的高帅、白美比例明显高于小公司，然后若干年后这些人成长为高富帅、白富美。并非才华能力不重要，而是这些人在才华能力之上又提供了"附加值"——好形象。

相信大家都听说了，或者看过了来自清华招生办的转帖，告诉大家上清华变白富美。即便是大家看待清华女生、即便是清华女生看待自己，都会关注是否"好看"，更何况其他离No.1大学还有着或长或短距离的同学啊！

但形象良好，并不等于浓妆艳抹、衣着前卫，这里的评判标准还是基于工作、职业而言的。

衣服太旧太土不合身肯定让人不喜欢，皱巴的西装毫无加分力，缺少修整的乱发肯定减分（干净也没用），脏脏的指甲肯定扣分，满脸的痘痘蓬勃欲出很容易被打叉，不合时宜的超短裙、嬉皮风与职场无关……

同时，千万不要被偶像剧里的职场打扮给拐骗了，女生超短露肩，男生长刘海奇装异服，肯定都不是在正经公司上班的（艺术设计类除外）。要找参照，请看财经新闻里的各类人物（包括主播和嘉宾）。

那究竟什么样的形象是好的？

● **头发**

做造型的人都知道，对人形象影响最大的就是发型，适合自己的发式可以非常加分。选择长发短发都可以，但一定要有型，而且是显示干脆利落的“型”。

在校招中见过太多的这类问题。一是女生刘海太长，长长地遮住了眼睛，或是长长的斜刘海想打造巴掌小脸结果，让人看到的是满脸头发，却找不到五官，有可能这样的造型对在校小男生很有吸引力，但这肯定不是职场所需要的；再就是，大多数男生不适合长长斜刘海的所谓韩式花样美男（杀马特）的发型，留这类发型的大多数会显得比较猥琐，个别超级帅哥做这样的造型好看，也不是因为发型加分，而是本身相貌已经出众。

二是头发没样子，草草地绑个马尾或是蓬乱地披散着，甚至头发乱乱的就像起床后没梳头的样子（男生居多），要么就是三五个月没有去过理发店了，明显是长得太长了，没有了形状，最终给人的感觉就是不精干，萎靡！

此外，头发太油、头屑明显、染了自认为有个性的颜色……都不好。

头发一定整齐、干净、利落，刘海别遮眼睛、别遮脸；如果贴在脸边的头发太多太长，请别在耳后；如果头发很长，请在面试的时候挽成发髻；女孩长发能添彩，但别弄出太过风尘的味道。保持头发修理有度的长短，头发干净别有异味，更不要有异物（如头屑）间杂其中。

女生会麻烦一点，为了面试，得找个好的发型师做一个适合自己的款式。如果实在搞不清什么合适，让头发干净整齐地保持在脸侧、脑后，也会比捂在脸上好！

男生，最受欢迎的还是挺立的寸头，分头也行，但别弄得很油头粉面的样子（参见筷子兄弟在《老男孩》中的某些分头造型）。

● 服装

这些年的面试，看到过太多着装奇怪的同学，让自己的面试表现打五折甚至更低折扣！那些有个性的棉袄和有如神来之笔的色彩艳丽的手工编织毛衣，让人顿时产生在学校成立形象指导工作室的想法。

这方面表现最好的要算武汉的同学。11月的武汉已经冷了，但绝大多数的同学都知道穿着白衬衣和深色西服外套，外面裹上大衣或羽绒服。进面谈会议室的时候就把大衣放在外面，穿西服套装面谈。

面试最好的着装就是正装西服（注意不是休闲的，更不是潮范儿的），男女都适用这个规则。西服只选黑、深灰、藏蓝三种，其他的不一定不好看，但适用性不够广，也许你穿上就不合适，所以在这三种颜色中选择不容易出错。另外，如果你不是艺术鉴赏能力非常强，就别选择条纹了，很容易出错。还有，衣服要熨平了穿，别平时折放在箱子里，面试的时候直接套上，那样的西服套装根本没法看。

西服里面要配衬衣，衬衣倒不一定非要是白的，但一定要是正装衬衣。正装西服里面配着松软的休闲衬衣，和西服配运动鞋有异曲同工之效。而且，衬衣要洗干净熨平，特别是最显眼的领子和袖子，千万别把发黑的白衬衣袖口伸出西装，别让白衬衣的领尖上染上脖颈的油，这里的脏和皱（包括起泡）都会减分。

有没有领带还不是特别重要，但如果戴领带就干净笔挺地戴上，别有油污，别皱皱巴巴。

鞋，最好是黑色皮鞋。当然这一项影响不是那么直接，因为面谈的时候会被隐藏在桌子下面。但既然已经注意了那么多，就连鞋子一起专业起来吧。

如果没有冷到受不了，就别在西装和衬衣之间加上毛衣了，多数人加得不好看。实在冷，在衬衫里面加上一件保暖内衣也好些。

除了穿在身上的，拿在手里的包也要注意。

如果背了个双肩书包，很容易把你的西装弄皱，所以最好不要选择。手提包当然是比较合适的，一个装电脑的黑包也可以，但不要拎着大塑料袋或是环保袋（通常色彩鲜艳、风格居家），那是非常有损西装革履的形象的。实在没有合适的包，也可以只拿着资料进面试会谈室，把包和大衣一起放在外面，免得尴尬。

● **面容**

长相是父母给的，但怎么让自己看上去更棒，还是得靠自己。

不可否认，长相出众在面试中是有绝对优势的，做HR的朋友们私下都会非常坦诚地承认这一点。当然，前提是基本条件，如学历、智商、口才之类要过关。其他方面不及格就只是长得好，就不好说了，也许会成为某些别有用心者的目标，但那与“好工作”无关。

对于大多数的我们，长相都在中等上下，没有太丑，但也绝不会被惊为天人，上文所述的气质、服装、发型的精心准备，都会对我们的整体外形产生加分效果。

另外，女生请学习化妆。

经历过毕业就业这场混战的女同学，一定都深刻地感受了公司对于招用男生的热情和对录用女生的苛刻；而女性在职场中会比男性多承受多少压力和不公平，到职场中很快就能明白。所以，想在职场中有所为的女孩子，请努力准备好你可以准备的一切，然后奔赴战场。

可能有人会不屑于此，而且会以一些出色的女前辈作为楷模，她们年轻的时候也不擅长容妆之类的技巧，一样出类拔萃。

但80年代的社会与现在，理念已经发生了多少变化？那时候的化妆会被人在背后议论、怀疑，会成为绝对的拖后腿因素；而今的社会价值早已不再为化妆这样的事大惊小怪了。再者，从80年代到90年代，再到新世纪，我们看到的是越来越多的女性开始关注自己的社会价值，而不仅仅满足于以家为主、以业为辅，因此，周围形成职场竞争关系的女同胞也越来越多。

事实上，从校招的实际接触来看，至少有一半的大学女生在找工作时并不太善于装扮自己。不知是不接受，还是没机会学习。

面试，并不需要把自己弄成夜店女孩的样子，那样就把面试官吓倒了。但需要把眉毛修理整齐，让眼睛更有神一点，让嘴唇有些血色，如果皮肤有问题就略做一点遮盖。整体来说，就是让面试官看到你的时候觉得你很精神。但千万不要浓妆！化职业淡妆其实很简单，但也还是需要一些练习的，否则很容易出现不对称的眉毛或没抹匀的口红，这样的事每年都会碰到不少。

男生，不要让自己胡子拉碴、鼻毛四溢，虽然用不着化妆什么的，但千万别让自己有异味（包括口腔内的异味），特别是在一对一的面试环节。

关于面容，除了脸之外，还有手。

男女都一样，干净、整齐的指甲很重要！指甲一定不要出现污渍之类！男生别留长指甲，连小手指都不要留，长指甲的男生很难产生别出心裁的好效果，而负面效果是一定的。

至于香水，如果有使用的习惯就自然而然地使用，如果没这个习惯，也不用为了面试专门去准备。如果不懂得选香水，最后选了不恰当的味道，还不如干脆不用。

此外，再强调一次，大多数的人都属于不太难看，也但并不惊艳的状态。就算你长得略微得分偏低一点，也都不是太大的麻烦。

前文所提及的谈吐、气质、笑容，可以很大程度上帮你得分，甚至会让人忽略你在相貌上的得分。事实上，工作中，更让人乐于接受你的还是个性、态度之类的因素，长相只是次之又次之的一件事。

所以，永远不要因为长相去抱怨父母，或为此花大价钱去整容（现在学校里这样的事真有不少）！做好你可以做的，用自己的努力改变自己的人生。

所有的习惯，之所以称为习惯，是因为这些行为有惯性。

因此，即便是形象工程之类的，最好也早早开始准备，让它成为自己的习惯，否则临时抱佛脚，最终画虎不成反类犬，受损失的还是自己。

三、有副好身体，才能拼得起

大学的时光，除了武装自己的头脑，还要强壮自己的身体。中学、大学、研究生、就业，一次次的筛选，最终在一起战斗的选手，智力上、能力上的差异越来越小。当你站在职业的起跑线上的时候，会发现“体力”也开始成为一种竞争力。

初入职场的年轻人，多数都难免经历频繁的加班。这本是对快速成长很有好处的一件事，但如果你吃不消、扛不住，可能真的会输在起跑线上。而身体状况，绝非朝夕之功可以改变，所以在大学里好好努力几年吧！

这一点，男生普遍做得比较好，运动场上出现的基本上是男生的身影。殊不知女生在这方面的被动，也会为未来的求职、发展带来影响。

作为面试官，健康状况是面试时肯定会考虑的一个要素。虽然不需要以运动健将的标准来用人，但如果看到的候选人出现过瘦、过胖、神情倦怠、言语无力、面色枯黄等状况，肯定还是会有所顾忌。现在比较热门的行业，地产、金融、IT，还有汽车、快消品，这些行业基本都是快节奏，如果是进四大（会计师事务所）、咨询公司之类的单位，那么连续几个月半夜下班就是常态。

企业本是利润的追逐者，停下脚步、调慢步调，都很有可能被其他的追逐者淹没、吞噬；也正因为企业能够在追逐中占据前列，才有可能给它的员工更高的回报；而越是利润可观的行业，竞争就会越激烈（垄断行业除外），追逐的步子就会越快。所以越是想进入这样的行业，越是想在这样的行业中做出一些成绩，越是要在革命本钱——健康上做好充分的准备。当大家的智商、情商差距都不太大的时候，拼的就是体力了。

所有的用人单位都不太喜欢体弱多病的员工，熬一个通宵就倒下了，连续奋战几天就体力不支。火线撤退一个人，就需要别人来帮你补位，否则整体工作就会被影响，而别人本来就已经在加班！

所以不用抱怨企业太“黑心”，练好自己的本领是正事。

连清华都为老师们提出了“为祖国健康工作50年”的口号。为什么？因为爱学习的人，常常忽略了健康，学得满腹经纶却没足够长的时间来付诸实践，和有命挣钱没命花是一样的悲催！

具体需要什么标准？这个确实很难说。也许，在面试的环节，只要不是过于体弱多病或是过于肥胖，形体特征、精神状态上没有什么异常之处，就不会因为健康问题被淘汰出局。但找工作毕竟只是职业发展的第一关。毕业顺利就业，并不能保你一生高枕无忧，为未来的长期发展也要提前做好身体的准备。锻炼身体不是朝夕之间可以出现明显变化的，所以为了从长计议，还是提出一些具体的建议吧。

男生能保持每周两次高强度的运动，比如足球、篮球，再有平时的跑步之类的耐力运动，基本可以保证体能了。以后加班熬夜、应酬拼酒，都用得着！当然，很多人年轻的时候不练，刚开始工作的时候也撑得住，年轻就是最有力的资本。但是有无运动习惯的对比，在30岁之后开始无情地展露。看那些头发较少、肚子较大、步履沉重的，基本都是在年轻时和工作后，忽略了运动这个环节。

女生，天生体能就比男生弱，又要面对生理周期的困扰，而且女孩子从小容易被家长要求行为更端庄文静，所以总体而言健康基础没有男生好。不少女性工作后，天一凉就感冒，一感冒就发烧，然后就要请假；一到生理期就情绪波动、无心工作。虽然同为女性，本应对这些有充分的理解，但从企业的角度来看，每一个岗位都是要按正常的工作节奏来贡献价值的，岗位设置的时候并没有预留生理期和感冒发烧的空当。所以奉劝希望未来在职业上一展身手的女同胞们，趁大学好好打好身体基础，多运动，女孩子的身体也不至于那么弱不禁风。跑步、健身操、拉丁舞、瑜伽、登山都是不错的选择，最终要让自己能扛得住天气冷暖、奔波赶工，无论何时都能够精神抖擞地出现在自己的岗位上。

此外，运动本身也是恒心、毅力的体现。运动的习惯在真正建立起来之前，坚持规律的运动是很难的，这就是为什么真正的体育达人很少。男生喜欢篮球、足球还能够带来一定的运动量，女生主动运动的量则非常低。如果缺少内心的热爱，那就去培养，养成习惯之后通常会爱上运动的。只是培养的这个过程比较考验人，但也正是这样的培养过程才能磨炼人的意志。

坚持锻炼会碰到很多突然的状况，刚开始腰酸腿疼想休息，再坚持又会碰到下雨天不方便或突然天气升温降温，聚餐聚会占用时间，要考试了复习紧张，有同学朋友不理解甚至打击你，感冒了不舒服……和所有难以坚持的事情一样，想找到一个放弃的理由随手可得，但若想达成目标就只能告诉自己两个字——坚持。

这个过程非常像职业成长所要经历的波折——立下一个志愿很容易，但达成目标的过程中会遇到各种各样的难关，工作没做好被批评、一不小心被人算计坑害、屡试屡败被人嘲笑、你的业绩被别人抢去邀功请赏……太多了。最终能够到达职业高度的人，多是意志坚定、积极进取、决不妥协的人！

所以，坚持锻炼身体，练的不仅仅是你的体魄，更是你的意志！

四、特长，能把你从人群中区分出来

特长修炼看似与找工作关系不大，但也算是一个加分项了。

在高中到大学的那道坎上，为了加分的可能，学生家长可谓各显神通、不遗余力；那么从大学到企业这道门槛上，同学自己也该为加分项做一些努力了。

特长，是让你与众不同的一种东西。

如果会一门乐器，当然是非常棒的，不管是钢琴、提琴，还是二胡、吉他，甚至笛子也不错。音乐，对人智力的开发还是非常有用的，学习乐器也能帮助开发右脑。更重要的是，多数用人企业都有年会（一年一度的年底联欢会），非常欢迎有文艺特长的小伙伴。

但练习乐器常常不是大学才开始的，如果在之前的十七八年里没有做这方面的准备，那也可以在大学开始一些其他的修炼。

比如摄影、美术，一样可以培养艺术修养，而且在工作中会比较实用；比如舞蹈、瑜伽，零基础也可以学出一招半式，对气质的提升颇有裨益；比如书法、篆刻，都属于“养性”的爱好，作品也很方便附在简历后面；比如研究某个非专业相关的领域，历史、哲学、地理、艺术、中医…… 并不是实用学科，但让你有过人之处。

为什么这样一些与专业无关的修炼有加分效果呢？

看一下校招的过程吧。一个HR可能要负责看完上万份在线简历并做出选择，在宣讲现场还有数百上千份简历需要在极短时间里筛选完成；初次面试，通常是“群殴”，少则五六个人，多则上十人，一同展示自己，一个面试组一天要看上百人；再到复试，一对一的面试阶段，一个面试官一天也要面谈二三十人，而且到单独面试环节的面试官通常岗位会比较高一些，他要见的，通常不是这一个城市的二三十人，而是在几地辗转，完成好几个二三十人的面试。

有什么能让你在人海中脱颖而出？你的特长是其中一个！

当然，漂亮的外形、一流的学校、特别的经历，也都可以让你出彩，但特长是一个可以平地起高楼的要素，不太取决于之前做过什么做得怎么样。而且，很多修炼是可以在面谈中有意展示的，比如谈及你对欧洲艺术史的见解、谈及书法对个人修养的帮助、谈及练习乐器对意志力的磨炼等等。这些与众不同的观点，容易让面试官记住你！

如果，那些带有一定学术气息、艺术气息的东西，真的不是你的兴趣所在，那也一定找出自己能够与众不同的特点来。语言特别幽默也是特长，但不能是上不了台面的低俗；特别善于组织、协调、总结也是特长，但不要因此过于强势、不顾他人；口才特别好、文采特别出众是更有价值的特长，出口成章最能让人在面试中崭露头角。

但请一定要在大学的几年时光中，培养出自己的特长与特色，不要以课业负担重、从小底子差为借口来逃避。也千万不要以为自己学校的金字招牌和自己的奖学金证书，就已经足够让自己独占鳌头了，纯正书呆子一样不是好公司青睐的品种。

做过十年面试官，深刻地知道面试官的痛苦——一个又一个特征相近、言语相似的同龄人，在眼前一批一批轮换，却太难记得清！

虽然面试都是要做记录的，而且通常会标上A、B、C、D或优、良、中、差之类的评分，但让人清楚记住并认可的，还是那些不但评分高而且特色明显的候选人。

努力吧，少年！为了远方的目标，为了获得上跑道奔跑的资格！

五、善于思考才能学为所用

首先看一下来自百度百科的名词解释。

思维能力：人们在工作、学习、生活中每逢遇到问题，总要“想一想”，这种“想”，就是思维。它是通过分析、综合、概括、抽象、比较、具体化和系统化等一系列过程，对感性材料进行加工并转化为理性认识及解决问题的。我们常说的概念、判断和推理是思维的基本形式。无论是学生的学习活动，还是人类的一切发明创造活动，都离不开思维，思维能力是学习能力的核心。

按说“想”的能力，应该是从小就已经培养了。做过无数的练习题，经过无数的考试，“想”得不好，无法一路走到大学里。那为什么在这里还要强调思维能力的训练呢?

因为思考不等于解题!

这件事看起来显而易见，但许多孩子直到大学毕业参加工作，依然没弄清楚这二者的区别，固执地认为自己可以解非常复杂的物理、化学、高数题，可以熟练地使用各种推导、论证，就具备了良好的思维能力。但又不明白为什么自己出色的“思维能力”却在各种面试、各种工作任务面前显得捉襟见肘。

具体案例，可以看各种书呆子式的孩子、单一线条思维的孩子、一次次重蹈覆辙的孩子和成年人。如果以不会“解题”来定义他们，显然不对。他们中的不少人也许正是解习题、考证书的高手，但他们常常给人的感觉就是不善于思考，或者说思维能力上存在不足。

这二者之间的差异究竟是什么？

习题和试题通常是以什么方式出现呢？有明确的已知条件，有明确的问题，有已经被论证过的原理、定律用于推导、计算之用。

还记得吗？那些年我们最熟悉的物理题、几何题。

把一个质量是2kg的物块放在水平面上，用12N的水平拉力使物体从静止开始运动，物块与水平面的动摩擦因数为0.2，物块运动2秒末撤去拉力，g取$10m/s^2$. 求：

（1）2秒末物块的即时速度.

（2）此后物块在水平面上还能滑行的最大距离.

已知四棱锥$S-ABCD$的底面$ABCD$是正方形，$SA\perp$底面$ABCD$，E是SC上的任意一点.

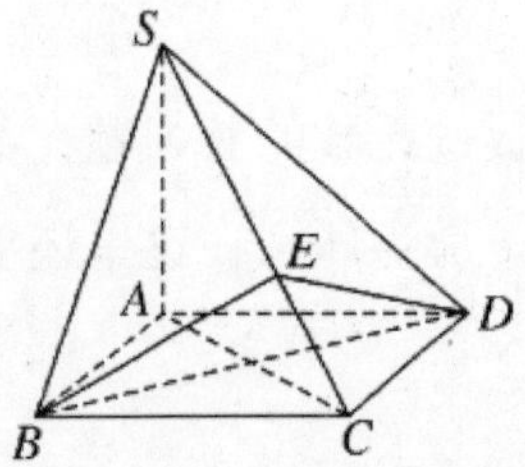

（1）求证：平面$EBD\perp$平面SAC；

（2）设$SA=4$，$AB=2$，求点A到平面SBD的距离；

（3）当$SAAB$的值为多少时，二面角$B-SC-D$的大小为120°？

可惜的是，这些被万千次训练过，曾经与青春年少的我们朝夕相处、须臾不能分的题目，在我们成年之后几乎不再会出现，不仅仅是题目本身不出现，连那些已知条件、解题原理，也都闪退了。

人生的问题从来不会以习题的方式出现。

取而代之的，是一些条件模糊、信息不充分甚至题干都不确定的问题，没有哪条定律一定可以为解决这个问题提供支持，这些问题也基本没有标准答案。

人生课题的常见面貌：

你不知道自己究竟喜欢做什么，不知道可以把什么工作做好。

不知道这个世界有哪些工作可以做，不知道做什么工作比较赚钱，做什么工作精神上比较富足。

你父母听说楼上邻居家的孩子学信息技术后来去美国念书了，很给家里争光；你又听说高两届的校友学哲学的，结果自己创业去了，似乎生意还挺好；大学的老师告诉你，如果有本事就去考公务员，到那些不靠谱的公司工作，也许有一天饭都吃不上，可老师自己由内到外却一直透着寒碜劲……

那么，正值大二的你，现在应该做些什么？

领导换届了，新领导和老领导风格有比较大的差异。新领导提出要求，过两天各个骨干把近期工作汇报一下。

近期是多久的？领导没明确说，可以是一个月，一周，也可以是一个季度。

领导想听什么？不知道，新领导来就是要先了解情况，你觉得领导需要听什么你就讲什么。

要做PPT吗？自己看着办，没说要也没说不要。

要汇报多长时间？不确定，看工作的重要性和工作内容多少。

汇报的好坏，对新领导在人员任用方面会产生什么直接、间接影响吗？可能多少有点影响吧，至于影响到什么程度不知道。

那么，作为小兵的你，怎么帮自己的上级准备汇报资料？

从“解题”到“思维”，究竟有多长的路？

严格地来说，所有的数学的、几何的、物理的训练，都对逻辑思维的建立有着重要贡献，但那些还远远不够。工作生活中面对的问题复杂度将远高于那些习题，所以还需要在那些基础训练之上，做更有难度的训练。

如果说在中学阶段，还不得不为了高考而去模仿、背诵，以求“正确”；那么进入大学后，就应该转而训练真正属于自己的思维，不是人云亦云，不是模仿秀。

其实人和产品一样，没有自己的特色，没有自己的核心竞争力，那就只能打“价格战”——因为便宜才能找到主顾。自己的特色和核心竞争力从哪里来？人与人的重要区别还是在大脑，哪怕是长得国色天香倾国倾城，没有基本的智慧做基底，也成不了大气候。对我等颜值普通、出身平平、又准备在脑力劳动领域争到一席之地的人来说，还要拼大脑。

一个人的思维能力与遗传有关。特别是那些在高中阶段特别需要的解题能力，与遗传的关系比较大。这也可以解释为什么有的人一努力就变成了学霸，你三更睡五更起依然没那等造化。但让人欣慰的是，思维能力并不完全决定于遗传，后来的练习可以帮助你很多。

● 学习从多个角度去看问题

从小到大的学习，带来最大的一个麻烦就是喜欢标准答案，但真实的社会中有标准答案的事情非常少。所以，如果带着“标准答案”式的态度去工作和生活，就难免迂腐有余、变通不足。

这方面的训练，每次面对问题、场景的时候，都尝试从不同的角度去思考，而不仅仅满足于单线条的思维。

比如，要把方便面卖到楼内各个寝室，应该怎么做？

如果是单一的思考，那就是抱着方便面一个个寝室去推销，每天中午晚上各跑一次。有可能觉得这样太累了，也赚不了什么钱，就干脆放弃了。

但如果是多角度的思考，就既要考虑“勤奋”的要素，挨个门去敲门推销；也要考虑“市场需求”的要求，看大家都喜欢什么牌子和口味的；还要考虑“竞争力”的问题，你比楼外小店的优势是什么；可能还需要想一想，方便面是不是一个必要的、有效的商品，是不是换别的食品可以销路更好……

这种思维的发散性，可以帮助你在未来面对工作问题的时候，快速地罗列多个影响因素，从而让你考虑问题的全面性更好；而在罗列的同时，又要兼顾因素之间的逻辑关系，具有包含关系的因素和具有并列关系的因素，在表达时的地位是不一样的。

工作中会发现有些人遇事沉稳淡定滴水不漏，很大的一个原因就是已有全面考虑而成竹在胸，而往往能够让领导放心的也正是这样一种人。而有的人，领导交代1、2、3，他就绝对不会去想4、5、6，如果领导没有具象的交代（比如前面例子中的领导要听汇报的例子），他就无法自己展开思考——这样的人很难走上管理岗位，在执行的角色上往往也并不出色。

这方面的强化，通过四五人的小组经常性地做脑力激荡（Brain Storming）是比较好的，而且这四五个同学最好在视野、专业、爱好上有一定的差异，并且都乐于做这样的思维训练，而不是光听不说或者只做附和。

● 多尝试建立自己的观点

建立自己观点这件事情应该从小就开始训练，至少要有“自己的观点”这样的意识。一个一直非常擅长背诵“中心思想”和“历史意义”的人，从18岁开始却突然要具有“自己的观点”，还真是一件很为难的事。

某国际学校的老师出了一道开放性问题：你对其他国家的食物短缺有什么自己的看法？

非洲学生问：什么叫食物？

欧洲学生问：什么叫短缺？

美国学生问：什么叫其他国家？

中国学生问：什么叫自己的看法？

想象一下，有一天在公司/部门的会议上，领导点名："小张，说说你的看法是什么？"哪里有现成的"中心思想""历史意义"可用？你不能说我还没复习到这部分，更不能说我还没对过标准答案。你的答案来自你自己的观点，你的观点代表了你的能力，你的回答影响着你未来的成长。

自己的观点，一方面来自于经常性的自我总结，这在上文中已经有所陈述。多次实践，最终可以沉淀出属于自己对于某一类事情的看法，这种看法相对稳定、系统，成为自己的观点。

自己的观点，更需要强烈的自发意识。不要总想着什么才是标准答案，把18年教育留下的这个习惯根除掉，不要害怕自己的想法会很可笑、会完全不靠谱，无论自己的观点是高深还是幼稚，有自己的观点都比只会人云亦云要好。

至于让自己的观点越来越犀利、越来越来深度、越来越能让人折服，靠的还是多读书、多思考，而不是牢记标准答案、更乖、更听话。

● 锻炼"创新"思维

和"自己的观点"一样，"创新思维"也是中国学生常见的短板。表现在综合国力上，就是我们现在还只能做制造大国，而做不到创意大国，因为创新思维的群体性缺失，短时间无法填补修复。

因为是制造大国，所以产品的毛利低，所以国人都在用非常辛苦的方式挣着并不丰厚的收入。缩小的一个人身上，也是一样。只会循规蹈矩、做简单重复工作的人，市场价值一定不高；能够为工作带来新意、产生新价值的人，其个人市场价值常常不菲。

只因重复的工作几乎人人都会，替代性极强；而创造性却极难被模仿，非他莫属。

和"自己的观点"一样，这也是一个应该从娃娃抓起的工作，但18岁之前我们能够获得的机会太少。那进入大学之后，就应该有意识地加强这方面的训练。

这方面的书有不少，在此不做方法论的描述，自己买本书很快就能解决了。

这里，还是再次强调强化自己的创新意识。所有的事、所有的功能、所有的方法，如果你愿意，都是可以找到不同的新思路的。迎新晚会可以有什么新的形式？一枚书签还可以担当什么样其他的职责？一段程序是否还有其他的简洁处理方式？……

如果你能够不断开动大脑去想，如何让已有的、已知的，甚至已经非常顺畅好用的东西、方法，找到新的突破点，那么至少在创新意识上你已经提升了，创新能力的变化只是时间问题。

● 养成随时总结的习惯

总结，是对时光的沉淀。

都说时光如水，如果我们不去刻意做一些沉淀工作，很可能许多有价值的东西都被水流慢慢稀释，甚至冲刷到了无印记。

如果经历的每一条路、每一道坎，最终没有成为你经验的一部分，那么，再次遇到相似的情景时，你就需要再做一次选择、再做一次躲避；而那些总结记忆的人，可以按已有的经验避开错误的选择和已知的沟壑。

总结并非只在发生重大事件时才需要，从日常的点滴开始才能真正成为习惯；总结，也并非只在成功时才需要，做砸了的事情更需要总结；总结也并不一定要写成文章做成PPT，在脑子里好好梳理一次，形成可以记忆的结论，就是一次总结。

比如，某一个课程的报告被教授说做得好，那就回头看一下是怎么做出一个好报告的，是结构好、观点新，还是表达流畅、重点突出。找到原因后，再进一步挖掘，这个教授的特点是什么样的，他看重的东西又是什么样的。这就会成为你日后做判断的一条依据；这样的依据一条又一条地积累多了之后，你在这方面的判断力就会比较准确。

比如，一众舍友出谋划策，经你反复练习、反复酝酿的告白，却最终没把女孩子感动，而是把人家吓跑了，也需要做做总结回顾。是场合不对、道具不对，还是没弄清楚对方底细，人家其实已经有男友了？同样的错误不重犯，才能提高未来的成功率。

总结，同样要体现逻辑性。因与果要合理对应，归纳与演绎要恰如其分。没有逻辑做基础，再多的想法都会变成一团乱麻而毫无价值观点堆砌。

一开始，这样的总结会比较刻意，可能需要不断提醒自己一天的总结时间到了。慢慢形成习惯之后，总结反思会变成自然而然的过程，就像骑自行车、游泳那样，成为条件反射。

以上四个方面既相互独立又相互影响，能够多角度看问题，往往是创新的源泉，也更容易产生属于自己的独到观点。这些收获通过及时总结又可以让自己提高得更快，从而在前几个方面成长更多。

大脑和肌肉一样，会越练习越强大。羡慕别人的好身材，不如给自己定制训练计划并严格实施；看别人想问题又快又准直指要点，似乎不费任何力气，但要知道所有毫不费力的背后，都是艰苦的训练与磨砺。唯有把大脑训练到位，那些游刃有余才会随之而来。

六、培养招人喜欢的习惯

先说为什么要“招人喜欢”。

颇有一些喜欢显示个性、扮酷的年轻人，认为我行我素比“讨好”别人来得更“酷”、更“有型”；认为那些刻意让别人觉得舒服的行为和语言，会显得自己很“装”；甚至有人会认为那样让人觉得自己卑微，没有面子，觉得老想招人喜欢代表了骨子里的奴性，如果想让领导喜欢，那就是拍马屁，应该被众人鄙视。

这种想法，不仅仅是在年轻人那里有市场，而是在整个国人心中都得到比较强的认同，所以，我们可以看到各种公共场合的喧哗、冷漠、争吵，看到各种不文明现象在身边屡屡出现，却又无能为力。因为很多人都会觉得，在那样的场合下自己越表现得不管不顾、越是强横，越显得自己有能力、很牛。

每每我们从新闻中看到这类事情的时候，绝大多数人都会一致去讨伐那些不文明行为，可当自己身处其境时又不由自主地去扮演不文明的角色，从而不文明行为一再产生。

从社会心理学的研究来看，中国人的人际关系呈现明显的两个极端。

在强关系中，即我们与父母亲戚、兄弟姐妹、好朋友，甚至亲戚的朋友、同事，都会刻意去保持一个非常好的关系，一人有事众人帮忙；甚至这些关系有时候会“捞过界”，把个人隐私都主动当作帮忙的内容，比如关心人家为什么不结婚、帮忙介绍对象等等，竭尽全力、掏心掏肺。因此，中国人都是熟人才好办事。

但当我们身处陌生环境与不熟识的人相处时（弱关系状态），体现得更多的是自我保护、防卫抵触，所以表现得冷漠甚至充满敌意。不但完全没有了在强关系中那些热情，反而无来由地冒出一些障碍、猜疑、隔阂。比如看医生，如果没有熟人介绍，基本看到的就是一张生硬冷漠的脸，但这张脸可以在熟人出现时瞬时变得热情洋溢。

这样的群体心理状态的形成有它特殊的历史文化背景，所以改变起来非常难；但我们每个人都不太喜欢这样的状态，我们希望每天接触到的无论熟人、路人，大家都能礼貌谦和，能为对方着想。现实中，我们每一个人都无法对大环境的改变起到根本性的影响，但我们却可以从自己开始。

我想先通过两个例子来分享一下什么叫“招人喜欢”。

例一 文身朋克男的援助

去年在瑞士自驾旅行，宛如仙境一般的俊山秀水让人天天沉浸其中难以自拔，每天都到晚上八九点钟才回到酒店，酒店的最后一晚也不例外。可就在准备冲凉休息的时候，突然想到第二天清晨要乘欧铁离开日内瓦了，要在早上七点多归还租用的汽车，所以最好当晚把油加满（满油取还模式）。还好，晚上八点多的瑞士还没天黑，于是独自驾车出酒店找加油站。

加油站很好找，离酒店不到一公里就找到了，但国内从未遇到的自助加油却着实让人摸不着头脑。可能因为过了下班时间，加油站的便利店已经没了灯火人烟，他们习以为常的自助加油方式在中国从来就没有见到过，而由于瑞士常用的三种语言——德语、法语、意大利语，都在我唯一的外语能力范围之外，所以也完全看不懂提示。

幸运的是，刚好有一个当地人加完油上了车，他的车就在我的车前方；不幸的是，那是一个高大的小伙子，而且穿着紧身背心，手臂、胸前布满了文身，还戴着一些粗金属链子之类的东西，发型另类，一派朋克装扮。他的车窗全都打开着，很大声地放着摇滚乐。如果在中国，我是断然不敢找这样的人寻求帮助的，但这是在人生地不熟的瑞士，如果不开口问就只能站在这里干着急；瑞士人烟稀少，等到下一个加油的人来到就不知道是什么时候了，而且会不会下一个又是彪形大汉？

于是鼓起勇气，走到那个车窗边说："Excuse me."本来坐在驾驶位上摇头晃脑跟着音乐唱歌的文身男，马上展露出微笑说"Hi！"我再开口的时候发现他的音乐声音太大，很难让他听清，结果他也立即注意到了这个问题，马上关上了音乐的声音，并说："Oh，sorry！ I am sorry！"当他明白我的求助之后，立即跳下车来，走到我停车的加油机前，一步一步地告诉我应该怎么刷卡、怎么加油、怎么扣费，非常细致耐心。

一再谢谢之后，我按他的说法再操作，却没有成功，还是出不来油，而那人似乎想到了我一次搞不定，看我又向他的车走过去，马上先关上了音乐，再次过来帮我。

这次直接帮我操作完，等付款机打单。一边帮忙，还一边开玩笑，说："哦，这些可都是付费的服务，我们要谈一下服务费……哈哈……"

等全都搞定，他才走回自己的车，上车前再确认一次是否还需要问其他事情，他真的准备开车走了。

我一再感谢并说不需要其他帮助了，他才放松地说："Great！ Have a nice trip in Swiss！ Bye-bye！"然后音乐再次轰然响起，车子飞驰而去。

从头到尾，朋克的酷帅一点也没有受到影响，而且因为他的热情助人，让我脑中对朋克与文身的偏见大为改观。如果我们身边那些喜欢酷帅风格的男生女生，也能同样学到礼貌热情，一定是为其个人加分的。

例二 细心的黑皮肤帅哥

那一年独自去法国游玩，自由行，一路上得到温和优雅的法国美女、帅哥、大叔、大妈的帮助，虽是头一次到法国，但从未感觉孤独无助，一边感叹各类历史建筑的宏伟精妙，一边享受法式的关爱与耐心。但一直谨记攻略上的提醒——不要和黑人接触，否则可能有危险！

最后一站是凡尔赛宫，位于巴黎郊外，按照换乘地铁、电车、城铁的麻烦程度和耗时程序来看，应该相当于北京的房山、上海的青浦。清早从市区出发，辗转几次才到达目的地。无奈那里的电车分A、B线，去程没问题，都指向同一个终点凡尔赛；待到返程时，就完全晕菜了，不知道我所要去的站点应该是A线还是B线，两条线的前半程相同终点各异，而攻略上没说这事。

第一次上车时，直觉觉得好像不对，就下车再等；车再来的时候，下班的人群如潮水一般涌来（和中国大城市的晚高峰一样），看着一个个匆忙的身影，都不知道该问谁。

只剩最后几个人了，再不问，就又要错过一班车了，而偏偏此时身旁几位都是黑皮肤的兄弟。一瞬间的犹豫之后，终于拦下一位至少有一米九的高个子黑人，法语的站名我说不出来，只能让他停下脚步看我手里的地图。虽然这班电车随时可能开走，他还是停下来仔细看地图上标的地名，然后匆忙对我说："Yes! Right this! Come on!"于是我跟着他冲上了电车。

我站在车厢有站点图的地方，吃力地数着站，生怕坐过站，每到一个站点，我就核对一下站点图与站台标示名称是否一致。就在差两站就要到我的站点时，那个黑人兄弟走到我身边，和我说马上到的这个站他要下车了，然后我再坐两站，就可以到我想去的那个换乘点，并且反复地和我强调他下车之后，我再坐两站，并在车厢的站点图上交代给我。虽然那时我已经非常清楚我应该如何换乘，但这样的热心与细心还是让我发自内心地感激！

而也正是如此的礼貌、细致、为他人着想，才让整个社会显得如此和谐与温情。

包括这位黑人小伙子在内的每一个在路上热心帮助过我、不厌其烦为我做指点的当地人，只会让我想到"修养""优雅""风范"之类颂扬之词，而决不会与卑微、低下关联。

两个旅行的例子，并非崇洋媚外，而是在发达国家感受到文明礼貌确实深入人心无处不在，这种礼貌的基底都是希望自己的言行能够让别人感觉到舒适、放心、愉悦；而且这些好的言行都在让人感受“招人喜欢”是一件多么尊贵有档次的事情，完全不用担心“招人喜欢”会让自己折损了身段、降低了层次。

那我们需要培养哪些习惯，可以达到“招人喜欢”的目标呢？

笼统地说，男生要让自己的言行举止像个绅士，女生让自己像个淑女，不仅仅在同学、老师面前要有如此修养，在不熟识的群体之中更能体现这些风范。

● 笑容与say hello

多展现笑容，通常会给你带来意想不到的好处，至少不会给你带来坏处。平时喜欢冷着脸的人，常常会在面试的时候都忘记了微笑，看上去仿佛所有的HR都欠了他很多钱。绝大多数面试官都不会喜欢这样的候选人——大家都会担心这样的人以后会很不好相处！事实上，这样的人常常很希望别人能够对他表达热情和友善，他只是忘记自己需要相同的付出。

国人的防卫心确实较重，我们几乎无法做到在路上对陌生人展露微笑，但在经济相对发达的地方这样的微笑随处可见。如果我们的传统还让我们暂时做不到向周围的每一个人微笑，那至少从身边熟悉的人开始，养成习惯向你的同学、老师们微笑。

工作中，会看到一些人，见到领导就立即耷拉眼皮、低头走过，他个人可能是不敢直视领导或是和领导说话，但领导这时看到的很可能是无视领导的存在。这就是之前习惯的延续。

所以，在大学里开始训练自己的良好习惯吧，看到熟悉的人（不一定非得是好朋友、死党），展露自己的笑容，然后说一句“早上好”“Hello”“你好”，一定能让你的魅力加分。

● 礼貌用语常伴

到了工作场合，你最终会发现，学校能够教给我们的有用的东西真是少之又少，企业也深知这一点，但企业至少会有一个期望——受过多年教育的年轻人至少是一个修养不错的人。

虽然火星文、网络语盛行，但那些懂得礼貌用语的人，还是会赢得别人的好感。礼貌用语也是一个习惯成自然的过程，如果习惯没养成，真到需要的时候很可能就忘了。

对长辈、上级、师长，多使用“您”，而不是“你”。

麻烦别人、打扰别人的时候，记得先说一句“不好意思，打扰了”或是“不好意思，麻烦您了”。

无意中影响了别人、困扰了别人，及时说“对不起”。

无论别人帮了你多么小的一点忙，一定记得说“谢谢”。

…………

● 不打断别人说话、不插话

好兄弟、好闺蜜在一起聊天的时候，难免欢乐忘形，但这样的忘形仅限于和好兄弟、好闺蜜在一起，其他的时候都不适用。

没有人喜欢被别人生生打断，所谓己所不欲勿施于人，特别要注意。哪怕是和自己的父母说话，虽然他们不会为这样的小事去和孩子计较，但他们内心也会非常希望能够被孩子以尊重的方式对待。

无论是校招还是社招的面试中，都常常可以看到谈兴甚浓忘乎所以的人，随时打断他人然后自己滔滔不绝，甚至面试官想提问都会被他根本停不下来的话语所阻止，面对此情此景，能够表示乐于接受的面试官是非常少的。不是别人不包容，是这样的行为确实太烦人。

不打断、不插话，表达的内涵是对他人的尊重，我们不仅仅要对年龄、地位高于我们的人表示尊重，对身边的所有人都要带上尊重，学会尊重每一个或强或弱的个体，才能真正成为一个修养良好的人。

和微笑、说谢谢一样，这也是一个长期养成的习惯，当你意识到这个问题并愿意为之努力做出改变时，很容易养成新的好习惯。但如果忽视这些“小节”而任性地只想做自己，那么这样的坏习惯会变成你成长路上的绊脚石，让你不断跌跤直到改变。

● 永远记得感恩

无论我们如何去追求独立自主，在我们成长的过程中依然不可避免地接受来自各方的各种帮助。有时这种帮助会被我们习惯或自然，而忘记说一声感谢。

培养感恩的习惯，从感恩父母开始。他们为你支付的学费、生活费，他们为你置的一件新衣，他们为你铺好的床单，他们关心你的一个电话，不要因为唾手可得而无视它们的存在——得不到这些的人，视这些如珍宝。

扩展开来，老师给你的谆谆教诲，同学帮你抄的笔记，舍友为你收的衣服，球友在场上给你的一个搀扶，我们都要记得感恩。感恩可以是一句谢谢，也可以是主动为他人做的一些事。

校园里的情谊单纯而丰富，但校园之外就不再是这样。

一个懂得感恩的人，可能在人情薄凉的职场还能够获得多一些的支持和帮助；而一个不懂感恩，甚至一句谢谢都不习惯说出口的人，有可能面对的就是越来越窘迫的处境。

也不必感叹人情冷暖，其他任何人本就没有义务主动为你做任何事，如果别人为你做了，多是出自他内心的善意，而这样的善意如果得不到任何正面反馈，传递的信息就很可能是这种帮助是多余的。即使是我们最习惯的来自于父母的关爱，他们也一样乐于听到你的一声谢谢或是来自你的一份关心做回报。

这一个部分似乎在号召“让世界充满爱”，似乎与求职就业关系不大。但校园、职场本就是个小世界，你让其他人在这个小世界中感受舒服了，其他人才有可能为你来创造好的生存环境。如果你希望自己在这个小世界中乐享一切，自己却不愿为这个世界去主动做些什么，那你的希望永远都会落空。

让自己变得Nice、招人喜欢一些，这将在无形中为你未来的职业道路扫去不少障碍！

不要认为90后就有任性的特权。相信我，目前普遍把守各个要职的70后们，他们是不喜欢任性员工的。

七、加速心智成熟的修炼——恋爱

这个标题，可能会让许多为人父母者不太满意——大好年华应该好好学习才对，怎么能用来谈恋爱呢?!浪费时间!

都说中国人的幸福能力不强，对于成功的定义里没有家庭幸福美满，只有功成名就、香车宝马、高屋大宅。是不是一代代的观念传袭下来，让人没空去幸福了呢?

而本书的绝大部分内容也都在告诉大家怎么努力拼搏、向着职业目标狂奔。但人生如果只有这些，那该多么无趣！职业生涯规划大师舒伯曾经为我们绘出了人这一生的角色变迁与角色组合，这一份“人生彩虹图”告诉我们，当我们的一生能够把各个角色都扮演好的时候，人生才是丰盈的、趣味的。

大学毕业后，我们既是工作者，也将很快成为持家者。虽然在目前的中国，持家者角色的出场时间越来越晚，但这并不妨碍情感生活在一个人成年后的生命历程中的重要性，而且它将贯穿我们之后全部的时间直到生命的终点。

大学时代，不再有炼狱一般的学习压力，也还没开始赤裸裸地面对现实生活的压力，而此间的少男少女又全都正值锦瑟年华，还没沾染上生活的烟火气息。这时候不抓紧谈一场纯粹的恋爱，以后还上哪儿去找这样的机会?

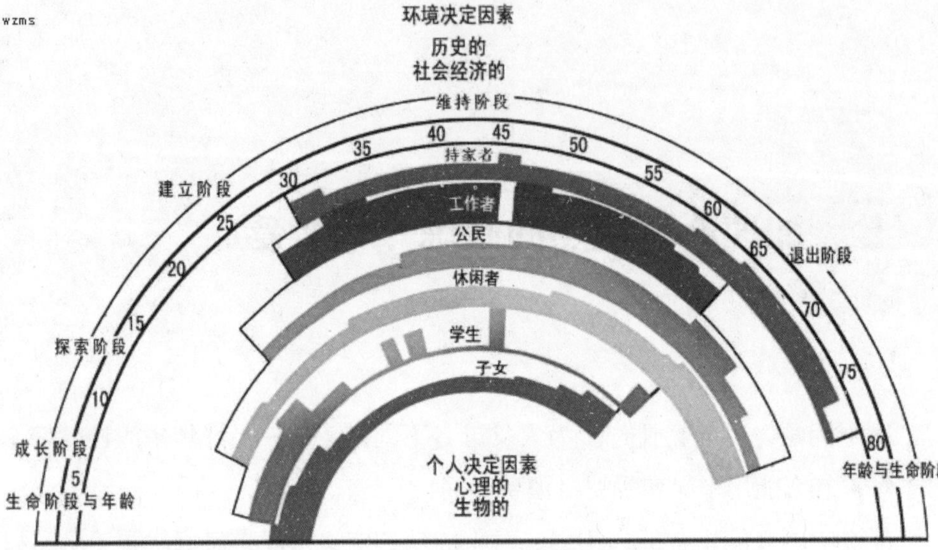

人生彩虹图

至于，谈了恋爱是不是影响学习、耽误青春好时光？那么工作以后谈恋爱是不是会影响工作、耽误职业成长的好时机呢？

学习如何爱，本身就是人生重要的一项成长。十八九岁、二十出头，虽然搞不清楚怎样才是真正的、负责任的爱，但至少投入精力去感受了、历练了，就算没有结果也收获了对异性的了解。否则大学毕业后就要面对结婚的任务，完成起来也太草率了。

这点，和面试无关，和找工作也没有直接联系，更多的只是一个温馨提示。可以心无旁骛地享受一段有爱相伴的时光，是非常难能可贵的，如果浪费了，以后很可能会后悔、惋惜。

其实说到头，人这一辈子，毕竟不仅为工作而活，不仅为功成名就而活。享受生命的美好，是我们一生都需要不断去修炼的能力，而不仅仅是学习如何承受生活的重压。不是吗？

第四部分

求职进行时

——找工作

找工作，一个既沉重、又兴奋的话题。

至今不能忘记十一年前的冬天，在冷清的华科东五宿舍，一天天地等待面试机会、等待面试结果的经历，那种投出简历后的无尽等待，每次等待后的一无所获，每次失落后的再次振作……感觉自己像在暗夜的海面上漂浮着的求生者，不知道是否有船经过，不知道哪里是岸，不知道会在什么样的岸边停下，也不知道会不会因为体力不够而错过小舢板。但每一次看到有船只经过，都会兴奋地挥手，但每一次又都看着它们冷漠地离去。

在那样的黑暗中，很多人急于找到一个可以帮助靠岸的小船。最怕的是其他人一批批都已上船离开危险，而自己在空旷的水面上挣扎。相信每一个经历了找工作阶段的人，都有这样的心路历程。

经过那些焦灼的等待，最好的结局是在12月之前就拿到一个漂亮的offer；稍微次之的，是在来年春节后接到不错的录用；最怕的是，直到毕业的夏天快到来时，还在继续焦灼着……

这是若干年前（2007还是2008年底），我们在做应届生招聘时拍下的场景：会展中心偌大的场馆里，密密麻麻的学生在排队，等待投递简历和一次简单的初面。每投递一个企业，就要排上两个小时左右。而坐在招聘人员面前介绍自己的机会只有短短的1～2分钟。

后来才知道，那一年还算好的，之后的每一年，就业形势都更加严峻！

这两年毕业的同学，要面对的是每年六七百万应届毕业生同台竞技、百舸争流的局面。而等待着大家的漂亮offer在哪里，会有多少个呢？

在一线城市奋斗整整十年之后，终于一点点看清楚了：一个真正的好公司，就像一个真正的好男人，不仅给你现在，更会给你一个未来。如果只是看表面的身高长相和一时的兴致热情，或者有可能未来也还不错，但还有更大的可能是未来不太好或者根本没有未来。

看公司也是一样，不能只看表面，更不只看是否有名。一个真正漂亮的offer通常来自于真正想招应届生进行培养的那些公司。这些公司会专门组织应届生的招聘工作，招聘到岗了之后有统一的培养机制支撑，对应届生的成长也会比较在乎，希望今天的应届生在未来能够成为公司的顶梁柱，而不是当作廉价劳动力来使用且在不够廉价时就抛弃掉。应届生在这样的环境中通常可以拿到不错的薪资福利，同时未来的成长性会比较好……

这样的好offer究竟能有多少？

这里大致做一个推测：校招的高峰期大概持续两个月左右；进校做校招宣传的企业主要集中在211院校，甚至更多地集中在985院校，先按100家院校来计；好的学校在高峰期一天有若干场招聘会，普通的学校可能一周也轮不上两三场，就按每个211院校一天6场计；一个招聘企业通常不会只在一个学校宣讲（个别只招几个特殊专业的企业除外），按一个企业平均宣讲5场计；按平均每个企业提供60个岗位计。

进校招聘的企业：（60天×100所×6场）/ 5 =7200家

可以提供的岗位：7200家×60个 = 43.2万

另外有一些不进校宣讲招聘，但通过网络可以申请岗位的企业，按五成来估算这样的公司，那就还能提供20万左右的岗位。

也就是说，好offer应该在60万个左右，不到全部毕业生总数的10%。剩下的，就需要通过人才市场、招聘网络与社招人员同台竞争基层岗位，确实太难太难。

从这个角度来看，大学毕业就业，是一次比高考、考研更加残酷的角逐，而且如果在这一次角逐中被淘汰，之后想弥补会很难。应该说，人生越在前半程，修整转向的机会就越多；越是岁月渐去，机会越少。所以本书从一开头就强调，职业的准备从高中毕业就开始准备。

那么，如果按照前三个部分所讲的内容，为职业做好了各种准备，是不是漂亮的offer就扑面而来了呢？当然，这样离漂亮的offer就很近很近了，但还差一个环节——面试通关！

而对于学校背景一般的同学，面试也是个绝地反击的好机会。也许，就在这里突围成功！

一、目标明确，让找工作更高效

● 行业

找工作，最先需要明确的还是行业，然后在这个行业中，目标明确地去找自己的位置。广撒网没有错，但乱撒网会让自己没有突出的竞争优势。当然，学校、成绩、才华、外形、个性均有绝对优势的个别人除外。

对于行业，之前第一部分第四点“职业的个性”中有所介绍，若如前文所述，在进入大学之前就已经充分思考过这个问题，那么在大学毕业前再面对这一切的时候就不陌生。如果大学的专业本身行业特征就已经非常明显，这个问题回答起来就会轻松得多。

但毕竟在大学入学前所了解的信息，经过4年，已经多少发生了一些变化，所以行业问题还是需要在毕业季认真去观察和思考的。

每次校招面试都会了解一下应届生的就业行业意向。在2007年之前，很少有同学明确地说就是想进入地产行业（那会儿想进国有背景大企业和外企的人更多），这两年校招非常明显的一个趋势是，越来越多的同学趋向于地产、金融、IT三个主要行业。当然这也是当前经济的主力军，是现在校招的主力行业。

行业精准的一个好处是减少不必要的时间精力浪费，而把有限的时间放在对某一两个行业的深入研究上。对行业有比较深入的认识，可以帮助你减少错误选择的可能性，也让你在面试的时候更像一个行内人。

这样做也有一定的风险——热门行业的招聘竞争也是非常强的，如果你没有足够的竞争优势，很有可能被蜂拥而至的竞争者一次又一次挤出来。所以说，不但需要找到一个富有吸引力的行业，也要确认自己在竞争中能够有胜出的把握。

如何知道自己是不是有足够的把握？

把第二、第三部分提出的那些要求（除了谈恋爱之外的），帮自己和周围的同学打个分，看自己大概能够排在什么位置。再去就业办了解一下，去年该行业的企业在你校的招聘总人数，这样大概能估出来个七七八八了。

不过，当年的经济走势也将是个重要参考指标。2009届毕业的学生都有过痛苦的记忆——2008年的金融危机直接涉及当年底的校园招聘，那一年，许多排名前十院校的应届生都在为工作忧心忡忡。当然那一年选择考研读研的同学更痛苦，3年后的2011年末，经济再次下跌，依然就业压力空前巨大。

选行业，对于所学专业的行业特征不明显的学生非常重要，比如说财务、人力资源、营销等专业，进金融行业与进食品行业、家电行业相比，未来的薪酬空间可能会相差数倍。以财务为例，在白家电行业和互联网行业，起薪就差距不小，未来10年这个差距还会成倍数关系地变大。原因在第一部分就已经讲过，本章不再赘述。

● **公司**

选公司就不那么容易了。

对于行业的选择，更多还是对于宏观数据的研究，这方面的信息相对来说公开透明，也比较容易获取。但具体某一家公司的信息获取起来难度就高很多了，即便是上市公司，我们从它的年报，能够看到的也只是效益的一面，对于企业的人文环境、管理风格这些方面，我们根本无从知晓。

选择企业有一部分的选择是在获得了offer之后，特别是对一些条件比较好、获得机会比较多的同学，最终选择哪个企业绝不是只看薪酬高低的（其实这只是一个次要的参考因素），这间企业内部管理的成熟度、人才培养的体系性，才对我们的长远发展产生至关重要的影响。工资略低一点未来可以挣回来，但，年轻的这一段时光、职业成长最关键的这一段历程，一去就不会再回来的了。关于这方面的选择，在后面部分（本章第五节“Offer来了，谈什么？看什么？”）会进行详细分析。

在这里需要重点剖析的，是在找工作之初所需要进行的选择。这里的选择分两个层面：一是我们选定行业之后，去了解这个行业里面的哪些公司是值得我们去考虑的，即具体公司的选择；二是对企业性质的选择。

具体公司的选择，一方面是帮我们去避免那些行业口碑比较差的企业，也就不用浪费时间，去为他们的面试做准备，更不用浪费时间参加面试。这个方面的选择依据，更多地来自于百度、应届生网的BBS，还有企业自己的网站、校招宣传等等。但这些渠道也并不能保证让你做一个绝对正确的判

2014年不同性质企业的应届生岗位竞争指数

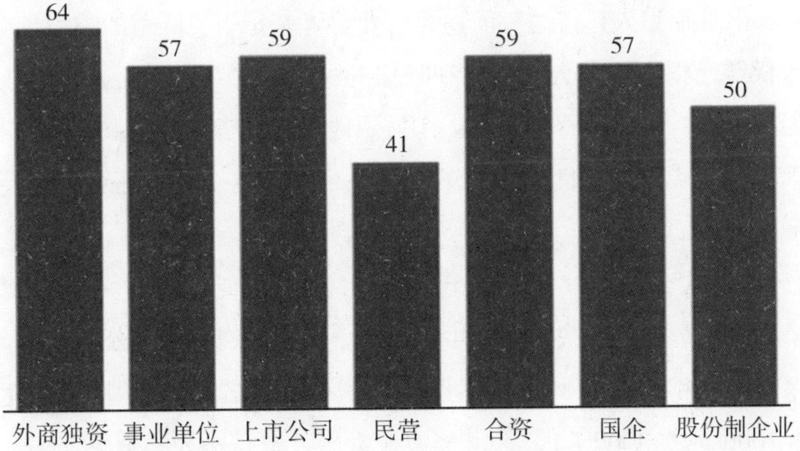

统计规则：基于智联招聘2010—2013年应届生招聘数据库的数据监测统计分析
数据来源：智联招聘（www.zhaopin.com）
数据定义：竞争指数=投递数 / 职位数

断，一些对企业有明显负面影响的网络言论，企业一般都会与媒体接洽处理，不会让它长期存在的。所以如果能够通过师兄师姐来获得一手信息，则是最准确的。

当然，在就业压力如此之大的今天，可能很多同学都不想在一切还没开始的时候就做出太多舍弃，只要有机会都愿意去尝试一下，哪怕它的行业口碑不是那么好。那么OK，如果把它当作一个练习的机会，也未尝不可。就目标而言，具体的企业需要一事一议，在此不便给出过于具体的建议。

但企业性质方面的选择要多下一些功夫了，即在外企、合资、民企、国企、事业单位等之间的选择。在此，也多做一些提醒。

在90后尚且年幼的20世纪90年代，国有单位、事业单位曾是大学毕业生的不二选择，那时的我也这样毫无悬念地迈入了国有大型企业的大门。当时同时进入同一家企业的有两百多名应届毕业生，比较熟悉经常联系的也有十多位。在90年代末到21世纪初的五六年时间，大家陆续离开了那里——那个曾经让自己和父母都非常满意和放心的国有单位。这些年，企业也走出去招应届生，却很难招到人，待遇、前途、行业等等都是不可回避的障碍。

90年代曾经根本不被大学生放在眼里的民企，如今却以生猛之势攻城略地，华为、腾讯、百度等后起之秀正在强烈地吸引着毕业生的眼球。

这就是不同类型企业江湖地位的变迁。而且，这个变化还会一直持续，永远停不下来。

先来说说父辈们最喜欢、大学生们最热衷报考的岗位——**公务员**。

一年热似一年的国考（公务员考试）一次次地在刷新淘汰比例的纪录，100：1、1000：1、3000：1，大家一边在责骂“做官不为民做主”，一边又在拼命挤进“官”的行列。官员的作为与否、能给百姓带来福祉与否，不在本文讨论范围，我们只来看看“做官”能为自己带来福利与否。

很多同学对公务员的向往，是因为这个工作看起来钱多事少风险小，而且很稳定（单位不会倒闭）。但这个工作真的像它看上去那么美吗？首先，钱肯定是不太多的。那些家藏万贯的领导靠的不是挣工资，那样的家财越多风险就越大。关于收入的问题，做一个对比就非常清楚，毕业于同一学校、同一专业的两个人，一个在一线城市进了一家不错的企业，一个进了一线城市的某政府单位，5～8年后，进企业的同学收入通常高于进政府的。至于稳定性，一个比较有实力的企业，通常经营风险也并不会太大，不至于随时关门走人。

但这里所说的是在一线城市的对比，如果把例子放在三、四线城市可能就完全不一样了。因为那里可能很难找到"不错"的企业，但凡"不错"基本就需要通过关系才能进得去，如电力公司、烟草公司等等。所以没有强大关系做支撑的同学往往会倾向于通过考试这个相对公平的方式来获得一份有保障的工作。

在此并不想太多评价公务员道路，只想说如果你不介意一个平淡无奇的人生，那么可以选择这条路。其中会有少数人建功立业，但我想说那样的一些人如果进了企业十有八九也是栋梁之才。所以，如果你是为了逃避竞争而选择公务员，就要接受一个没有太多精彩的人生。

公务员除了笔试还有面试，虽然面试中玄机颇多，但如果能把本章后面几节所提及的方法用到，也肯定有利无弊。

事业单位，也是许多毕业生和他们的家长非常向往的地方，如当地的高校、中学、医院……

早些年高校还没有像今天这般受欢迎，那时候硕士毕业、博士毕业留校当老师还很普遍；如今高校已经演变为一个进入难度极高的领域，教育背景和关系背景，两手都得抓，两手都得硬。当然，进了高校当老师，也未必如想象的那么好，应用学科专业有机会外接项目，可以通过做项目来增加收入；如果是基础学科专业，可能接项目的机会就非常少，那么高校老师的工资+课时费是非常微薄的一份收入，与教育背景真的不是太匹配。当然，它也有一个重要的特点——稳定。

医院，特别是知名医院、当地的三甲医院，往往是众多目光聚焦所在，除非毕业于很牛的医学院，否则也请先准备好“关系”。

所以面临就业的同学，千万不要想着如果在校招阶段找不到好工作，就回老家考公务员或当老师去。也不要浪费时间去谴责这样的社会环境，如果你只敢在那样四平八稳的环境中求生存，就别谴责你的同类；如果你喜欢充分竞争，那么看看国企、外企、民企之争吧。

先说**国企**。传统制造加工业的国企，显然已经进入夕阳红阶段了，制造业的状态在第一部分曾经详细阐述过，这里不再细说。其他一些保持与时俱进的国企，还有一些颇为出色的，如华润、中航等等，但从1998年的大下岗，到2000～2005年经历的股份制改造，真正有实力的纯正国企本已所剩无几，而所剩无几的这些经营状况良好的确实不多。经常被众人所攻击的中石油、中石化，可能会比那些几乎发不出工资的棉纺厂、机械厂要好一些，但要论收入真没有大家想象的那么高！

至于国企的稳定性，在20世纪90年代末期之前，可能大家都还认为国企是旱涝保收、负责养老送终的地方，现在不再有人会这样认为了。倒闭、转制、裁员，都有可能发生在国企那里。

再说**外企和民企**。整个90年代几乎是外企的白金年代，那时外企稀有、高薪，外企职员的工资几倍于国企员工，那时外企雇员是在真正显示“白领”风范！这样的优越感一直持续到2008年前后，但其实进入2000年后这种优越感就在一点点减少，因为快速成长的中国本土企业在奋力赶超。

如果说1992年邓小平的视察南方是在为中国本土民营企业播种施肥，那接下来的整个90年代中后段和新世纪的开头几年，就是民企蓬勃生长的时代。而2008年的金融危机给欧美企业以沉重的打击，全球减员风潮下在中国的外企日子也并不好过。两相进退之间，内资企业非常争气地后来居上了！

我们看到联想收购IBM笔记本业务，我们看到MSN从盛到衰到消失而腾讯帝国称霸互联网时代，而今小米手机拥趸者众，当年的手机巨头MOTO和NOKIA已经淹没在时代的洪流中。

70后多数都记得，90年代大家心目中的飘柔、海飞丝、潘婷、玉兰油，都是高档货的代名词，它们背后的公司让人觉得高级又神秘。即便是在2003年末，在为MBA毕业找工作的我，参加宝洁的宣讲会时，满心充满了崇敬与向往，和我一样眼中装满渴求的还有整个教室坐着站着以及挤在走道里的几百名年轻人，那时没有一个国内企业可以获得如此的追捧。而今，这样的风光已经很难寻觅，因为无论是薪酬还是发展空间，它们都已经不是最顶级的了；而今的腾讯、万科、阿里才是让应届生们向往的殿堂。

再看当年“老外”聚集的酒店业，当初也是风光无限。能够进星级酒店做一名行政、出纳，收入都让人非常羡慕。如今国际品牌的五星酒店开遍祖国各个角落（地产业的带动功不可没），但对比当前的社会平均收入，那里的薪酬福利不再有过人之处。

外企，对于中国人来说一直以来还有一个最大问题是上升空间。大大小小知名不知名的外企，对于中国籍的人来说，能够做到“高级经理”“高级主管”，基本已经到了职业的尽头，进阶“总监”“副总”之类的岗位，基本没有希望。大家从公众媒体上可以经常看到的一些华人外企高管，多数早已不是中国身份。

而同时，常常会让国人感觉愤愤然的是，来自其他亚洲国家的员工，无论是日本、韩国，还是印度、马来西亚，似乎都比中国人能够拥有更大一些的空间。

在外企的职场生存法则中，国籍决定了你所能上到的最高位置。一个经典说法是：“如果外企是五层楼的建筑的话，每层楼的人依次是：五楼是本国人；四楼是其他发达国家的外国人；三楼是东南亚华人；二楼是有总部工作经验的海归或者有政府关系及客户背景的中国人；一楼则是一般中国本地雇员。”

而外企的精细分工，会把一个人的专业化做到极致，直到他很难适应国内企业普遍存在的一专多能模式。然后，在中国雇员40岁上下时，一纸裁员通知让他们无所适从。这不是危言耸听，而是发生在我们身边的无数真实案例。

再说国内的**民企**，当年跟着“下海”大潮创立起来的小作坊，现在不少已经后来居上，或者规模庞大、实力不菲，或者已然通过资本市场实现了公众化（不再是私营企业）。这些企业不仅仅在业务规模上，更在管理上已经完成了蜕变，已经成为地方经济的中坚力量，我们已经不必再去强调它的“民营”属性，它只是“企业”，创始人和资金都来自中国本土。这样一些企业完全可以成为职业人士“托付终身”的好归宿。

当然，还有许多还处于创业期、萌芽期的民营小企业，如果你不是特别具有风险偏好，还是不建议贸然选择。但是高风险往往才能带来出乎意料的高收益，比如在2013年底为优秀员工发奔驰车的大疆科技（研发生产最热门的无人直升机），不过是2006年才刚刚由几个大学毕业生成立的公司。

高科技企业的创业，资金门槛相对低，技术门槛相对高，所以知识型的创业者来说更偏好这一类创业。但正因为资金门槛是很多人解决不了的门槛，而技术门槛却有很多“技术人才”可以解决，所以高科技类的创业竞争也比较激烈，最终我们看到的只是创业成功的那极少一部分人，大部分人都在创业的途中歇菜了。所以，如果没有特别准确的判断力（一般来说很少有人有这个能力，否则进投行更有发展前景），不建议冲动式地选择创业企业。

以上，是对几种类型的就业渠道进行的简单对比，最终的选择还是要follow your heart，不要人云亦云、人选亦选，更不要让父母越俎代庖来为你决定人生的定位。

● 职业方向

职业方向，对于专业非常明确的人来说，可能不会再是一个选择难题，比如平面设计、医学、汽车制造、财务等等。对于管理学、工商管理、经济学、语言文学之类的专业来说，专业方向感并不是非常明确，这个时候就要想好，未来自己的职业支点在哪里？

其实，即便对于专业度比较高的专业，你还很有可能面对一个尴尬的情景，就是在你的专业领域里面找不到工作，所以就必须放弃专业找工作。在这个时候，就和那些专业方向不是太明确的同学面对的困难一样了。

在选择职业方向的时候，还是要回看第一部分提到的人格特质与职业匹配度的问题。如果没有职业与你的个人特征之间的适配，所谓的企业品牌、知名度、薪资福利都是浮云。如果在之前没有做过职业倾向测试，或是MBTI之类的测试，建议在这个时候，还是要把这一个环节补上。

其实最难认识的是自己，你感受到的自己和你周围的人看到的、感受到的很可能有巨大的差别。所以，不要嫌麻烦而漏过这个环节。也许测试的结果会让你自己都感觉到非常意外，而这样的测试结果，为你找工作做一个参考，并不会有坏处。

当然这里还要特别注意的一点是，一个测试结果并不能够说明所有，看到过不少个性内敛低调的人在销售岗位做得非常棒，也见过一些貌似学究的人物，在职场中华丽转身，最后成为了出色的高管。

当我们一直处在学校这样的环境中时，有一些内在的潜能没有机会展示出来，但是测试能够告诉你，你是具备这些特质的！

还有可能，你向往的工作没有出现在你的测试结果里。你也不用担心，如果你非常地热爱，那就去做你热爱的那些事。如果你的热情足够多，很可能你就能够做得比其他人更好。因为人除了天分之外，还有后天的努力，如果你确实非常喜欢某一类职业，但在测试上没有显示出优势来，可以通过之后的自我调整、自我提升来解决。

曾经借助测评公司对管理人员进行过心理测评，我们发现做管理者非常需要的“亲和动机”与“协调能力”，在一些出色的管理者那里居然并不高。但他们为什么最终又能够在岗位上做得不错呢？就是因为他们已经按照这个岗位的需要对自己的管理行为进行了彻底的修正，使行为已经非常符合岗位的要求，虽然内心可能依然是“一枚孤寂的灵魂”。

这看似心灵鸡汤，但其实想告诉大家，心理测试的效度并不是100%，能够达到80%已经是非常出色的测量工具了。

所以对于工具，要让它们为我所用，但不要被工具所奴役。如果你的条件只具备参与测评看到结果，那也至少比完全不了解自己要好；如果你能够有机会让专业的咨询专家为你做分析和反馈，那测评的效果会更好。

● 地点

在之前的部分讲到过学校的位置选择问题。大城市能够对年轻人视野的开阔起到很大帮助，这也是大都市的魅力所在。

在就业季来临时，我们需要再次做出选择，你的未来在哪里实现？一线城市？二线城市？三线？四线？

记得有一位公知人物说过，建议大学生毕业还是先到一线城市来锤炼一下会比较好。

一线城市好在哪里？到过这些城市就自然会知道，且不说经济总量、市场影响力，单说人文环境、社会文明程度、企业管理的规范程度等等，确实会比内地的小城市领先太多。即使未来不会在这里长期生活，在我们还年轻、还能吃苦、还能打拼、还能尝试的时候，先在一线城市感受一遍，学习一下前沿的运作模式、规范的企业管理、系统的运作理念甚至一些新颖的经营手法，未来去二、三线城市都是非常有价值的经验。如果未来想在一线城市长期立足，就更应该从一线城市开始了。

这么多年的招聘中也碰到过一些这样的人，大学毕业后去了二、三线城市工作，几年之后，又想到一线城市重新寻找发展机遇。但在工作最初的几年里一直在二、三线城市的人，无论是在见识上、理念上，确实会与一线城市的人拉开一些差距。如果在二、三线工作几年后执意要再来到一线城市，需要回头补课，这些其实都是时间上的浪费。

许多同学对一线城市既向往又害怕，繁华都市、职场精英，具有炫目的光彩；但竞争激烈、压力重重又让人望而却步。如果你的内心确实饱含热情，强烈希望在竞争中脱颖而出，希望通过大浪淘沙式的洗礼最终证明自己的价值，那至少不要在一开始就放弃奔向大城市的梦想。如果你内心并不是非常介意事业的高下，如果你想要的是安逸轻松的生活，有父母亲戚在周围陪伴，没有加班熬夜，没有巨大的工作压力，那么就不要选择一线城市——这里基本很难找到安逸，却盛产孤单。

所以说在城市的选择上，个人的价值观，又再次显示出它的重要性来。追求个人价值实现的，追求成就感的，毕业时请先选择一线，未来是否长期留下来，可以一边工作一边再做判断；而追求安逸生活，不在乎收入或者是个人价值体现的，一线应该不会是一个好选择。

抛开一线大都市，许多同学会优先考虑家乡所在的省会城市或省内重点城市（通常被称为二线城市），再到家乡所在地的三、四线城市。某些省会城市还比较有竞争力，如南京、武汉、西安、杭州、福州等，此外像青岛、大连可能更胜于一些省会城市。但还有一些省会更接近三线，不是职场新人的好去处。

区分城市的等级，是在帮我们看清资源的分布。一、二线城市所聚集的能量与资源，确实远大于三、四线，这意味着带来的工作机会也远远多于小城市。2014年各城市GDP的排行榜在2015年初已经公布（下图截取了前25名的数据），虽然GDP并不能说明一切，但确实能说明很多大城市虽然压力大，但找工作多数还是靠个人真本事，而不是拼爹拼妈拼关系；工作环境总体来说要单纯很多，都是凭能力吃饭，都在忙碌地奔前程，少有空闲搬弄是非。而越是小城市，越是要托关系走人情，乱七八糟的内部斗争就越激烈，这也是成长的成本。

2014年中国主要城市GDP排行榜

RANK			人口(万)	面积	2014年GDP		人均GDP	增量	名义增速	2013年GDP	2015年GDP(预)		
1	→	上海	2415.20	0.63	23560.94	+7%	9.76	1958.82	9.07%	21602.12	25697.38	1	→
2	→	北京	2151.60	1.64	21330.80	+7.3%	9.91	1830.20	9.39%	19500.60	23332.77	2	→
3	→	广州	1292.68	0.74	16706.87	+8.6%	12.92	1286.73	8.34%	15420.14	18100.97	3	→
4	→	深圳	1062.89	0.20	16001.98	+8.5%	15.06	1501.75	10.36%	14500.23	17659.26	4	→
5	→	天津	1516.81	1.19	15722.47	+10%	10.37	1352.31	9.41%	14370.16	17202.04	5	→
6	↑1	重庆	2970.00	8.24	14265.40	+10.9%	4.80	1608.71	12.71%	12656.69	16078.58	6	↑1
7	↓1	苏州	1046.60	0.85	13760.89	+8.4%	13.15	745.19	5.73%	13015.70	14548.74	7	↓1
8	↑1	武汉	1022.00	0.85	10060.00	+9.7%	9.84	1008.73	11.14%	9051.27	11181.15	8	↑1
9	↓1	成都	1417.80	1.24	10056.59	+8.7%	7.09	947.70	10.40%	9108.89	11102.89	9	↓1
10	→	杭州	884.40	1.66	9201.16	+8.2%	10.40	857.64	10.28%	8343.52	10146.96	10	→
11	↑1	南京	818.78	0.66	8820.75	+10.1%	10.77	808.97	10.10%	8011.78	9711.40	11	↑1
12	↓1	无锡	646.55	0.48	8205.31	+8.2%	12.69	135.13	1.67%	8070.18	8342.70	14	↓3
13	→	青岛	896.40	1.13		+7.9%	8.93	0.00	0.00%	8006.60		17	↓4
14	→	大连	687.60	1.32	8001.39	+6.2%	11.64	350.59	4.58%	7650.80	8368.05	13	↑1
15	↑1	长沙	722.14	1.18	7810.00	+10%	10.82	656.87	9.18%	7153.13	8527.19	12	↑4
16	↑2	佛山	719.43	0.38	7603.28	+8.6%	10.57	593.11	8.46%	7010.17	8246.57	15	↑3
17	→	宁波	763.90	0.98	7602.51	+7.6%	9.95	473.64	6.64%	7128.87	8107.62	16	↑1
18	↓3	沈阳	825.70	1.29		+6.4%	8.67	0.00	0.00%	7158.60		19	↓4
19	→	郑州	862.65	0.74	6800.00	+9.1%	7.88	598.10	9.64%	6201.90	7455.78	18	↑1
20	→	唐山	757.73	1.35		+4.8%	8.08	0.00	0.00%	6121.20		24	↓4
21	→	烟台	696.82	1.37	6098.00	+9.1%	8.75	484.13	8.62%	5613.87	6623.88	20	↑1
22	→	东莞	822.02	0.25	5881.18	+7.8%	7.15	391.16	7.12%	5490.02	6300.21	22	→
23	↑2	南通	728.28	0.85	5652.69	+10.6%	7.76	613.80	12.18%	5038.89	6341.26	21	↑4
24	↑4	西安	855.29	1.01	5474.77	+9.9%	6.40	590.64	12.09%	4884.13	6136.84	23	↑5
25	↑1	哈尔滨	1063.60	5.38	5340.52	+6.8%	5.02	329.72	6.58%	5010.80	5691.94	28	↓2

在目标选择这件事情上，学生可以有选择地听听父母的意见，但不建议以父母的意见为准。大多数的父母是在小城镇或是二、三线城市生活了一辈子，他们本身对社会、对经济缺少充分的认识，如果完全按他们的经验来指导你，你的人生注定难以超越他们的高度。父母见多识广的，也未必能给孩子一个绝对正确的指点，因为这个时代已经完全不同于他们当年的那个时代。而对于已经完全成年的人来说，他已经有了自己的价值体系、自己的追求与梦想，他对未来的想象与期待与父辈很可能不一样。

所以，面对着择业难题的年轻人，多一些自己的审视与思考，在审慎地分析思考之后，做出属于自己的选择。

一旦选定了，全力以赴地为这个目标去努力，千万不要左右摇摆浅尝辄止。反复地更换目标，只会让你离每个目标都很远。

二、漂亮简历，帮你敲开第一扇门

简历是打开职业之门的第一块敲门砖，之前十多年的积累，在知识、技能、意识、外形上的准备，要从这里开始进行展示了。所以，认真地花上几天时间，制作一份出色的简历，绝对是一件事半功倍的事情。

但动手之前，请先理清楚，什么样的简历才算是出色的简历。

首先要弄明白，简历是谁在看。当然看简历最多的是HR，第一轮进行简历筛选也多是由HR来完成。虽然一些公司（如华为）会把简历筛选的工作交给用人部门，但在筛选简历的这一刻，运用的也都是HR的那些工具与方法。在被HR筛选过并初试过之后，你的简历还有可能被用人部门/单位的负责人看到，还有HR的负责人，某些特别重视应届生培养的公司，可能更高层的人物也会看到你的简历并面试。

第一轮筛选简历的HR，会经手多少简历呢？

大家看到的宣讲会，平均一场宣讲收到的简历在700多份到1000多份，一般宣讲现场能容纳三四百号人已经算比较大的了，大型集团企业的宣讲场地和简历量都会更大。宣讲现场通常会有人站着参加，还有不少人代同学、室友投递简历，所以总投递数量还是比较可观的。

多数公司会在宣讲会当晚确定哪些人参加一面（第一轮面试很有可能是笔试形式），所以给HR看简历的时间只有3个小时左右，在一个场地进行简历筛选的人大概2～3人，平均每人在3个小时里要看的简历是200～300份。所以，一个人每分钟大概需要看1.5份简历，也就是说一份简历能够拥有的阅读时间是40秒左右!!!

这只是线下部分。

通常在宣讲会开始之前15天左右（甚至更早），用人单位会开通网上简历平台，应届生通过在线简历投递的方式应征心仪的岗位。

在线的简历量会有多少呢？企业规模不同，但平均一个参与在线简历筛选的HR，总的在线简历审阅量将在3000份以上，热门行业里的热门企业可能到5000份以上。

这些HR的工作可不仅仅是看简历这一件事!

现实中，HR浏览一份在线简历的时间，一般就在半分钟左右，如果简历特别有吸引力，可能会增加一点时间。

在我们了解到简历被阅读的情形后，就应该推理得出什么样的简历才能算出色。

1 简历，要够“简”

30秒时间能看多少字？所以简历要体现的是简字，而不是洋洋洒洒如个人自传一般，要保证你的字数可以基本在30秒内被读完。

一般而言，一页A4纸以五号字撰写的简历，是比较“简”的，是HR比较欢迎的简历；写的内容多一些，两页A4也基本在可以接受的范围。

如果再长，很可能就让审简历的人觉得厌烦、失去耐性。

那种正好一页零两行、两页零三行的简历，建议都做一下浓缩、精简或是调小行间距，让简历正好出现在完整的页面中。

还有，简历需要封面吗？No！让人一眼看到简历内容是最省时间的！哪怕你是平面设计专业，要展示设计能力也请在“作品展示”环节来体现。

2 重点要突出

事实上，即使只有一页A4纸那么多，要在30秒时间里认真看完简历里的每一个字，并形成总体印象，也是一件很难的事情。

实际工作中，HR最多连续看一个小时简历之后，就开始出现阅读“障碍”了，快速捕捉信息的敏锐度开始下降，心里也开始觉得烦，而他每天要花至少两个小时专门看简历，不胜其烦！经历过校招大战的人都知道。

所以，要帮助筛选简历的人迅速发现你的特色！要在第一时间抓住HR的眼球！

抓眼球的，是你资料中的重点突出。

比较两个例子，不用看具体内容，只说基本印象，哪个更容易让人看到重点、留下印象？显然是左边这个！

教育背景

2005/09—2009/06　××大学法学院法学专业（学士）
2002/09—2005/06　××外国语学校

获得荣誉

- 2005—2007年**两度**荣获**校级“三等奖学金”**
- 2005—2007年获校级社**会实践调研报告“一等奖”**
- 2005—2007年获**广东省挑战杯比赛“三等奖”**
- 2006—2007年获**“校优秀共青团员”**荣誉称号（**83人中选一个**）
- 2006—2007年获校“爱我×大”征文比赛“优秀奖”荣誉
- 2006—2007年获校法律征文比赛“优秀奖”荣誉
- 2006—2007年获校法律知识竞赛团队“最佳默契奖”荣誉**（全院一个）**

工作经历

2009/01—2009/03　**北京外企人力资源服务有限公司××分公司（实习）　法务助理**
- 依据国家法律、法规及公司管理制度收集整理有关人事合同资料
- 协助法律顾问为企业人事方案的制订或者人事方案合法性、操作性的审核
- 对仲裁档案管理进行指导，保证合同管理的规范性及公司合同的合法有效性

2008/04—2008/08　××**发展有限公司（兼职）　培训师助理**
- 负责引导学员进行项目分享，达到培养团队凝聚力的效果
- 负责协助主培训师进行户外团队拓展培训，**团队人数30人**

2007/11—2008/03　**××市××法院（实习）　法官助理**
- 协助填写卷宗，对卷宗进行编码以及整理卷宗
- 签发传票及应诉通知书等诉讼文书，处理文书送达等相关工作

2005/11—2007/11　**中国移动××分公司动感地带品牌店（兼职）　客户服务代表**
- 接待顾客，并提供增值业务及资费套餐的咨询
- **从未迟到早退，多次获A级**工资标准，**客服满意度高**

学校活动

2007　**担任学校团委组织部拓展培训师**
- 负责培训学校各学院学生会、团委的主席、书记和各部长
- 分享项目，引导学员发言
- 增强学校团队的凝聚力

2007/04—2007/06　**参加全国××公司项目比赛××大学项目组**
- 负责活动的前期策划和宣传
- 到××学校和××附中学校宣传学生投资理财知识
- 并举办相关讲座
- 撰写总结和论文，报告如期寄往北京

教育背景：
2005.9至今　××大学经济学院　经济学专业　房地产经营与管理方向　攻读硕士学位
2001.9—2005.7　××大学经济学院　工商管理专业　获得管理学学士学位

硕士期间主修课程：
微观经济学、宏观经济学、计量经济学、现代公司财务管理、区域经济学、城市经济学理论、经济理论问题研究、经济前沿问题研究、房地产评估与管理、房地产投资与开发理论、研究生英语

英语CET 6　计算机水平：国家计算机C++二级
有良好的英文口头和书面表达能力，熟练运用WORD、EXCEL、POWERPOINT等OFFICE办公软件

实践与实习：
- 2003.4—2003.5　兼职房地产市场调查，调查××市居民对住宅的要求，并负责了意见总结的工作
- 2005.3—2005.4　在××市S H地产有限公司实习，担任置业顾问
- 2005.7—2005.8　在××市组织中学暑期辅导班的开办
- 2006.3—2006.6　兼职××校园网的网站编辑
- 2006.6—2006.7　在××广告有限公司实习，组织产品推广活动
- 2007.2—2008.2　在××职业技术学院担任兼职老师，负责行政
学
- 2007.3—2007.10　在××大学自考学院兼职行政管理专业的代课老

参与项目

信息分类，加粗的文字，突显的颜色，加项目符号……都是让简历的内

容更便于理解和记住的好方法。

在我们的文字演进过程中，曾经通过引入标点符号，让我们的文章更便于阅读；对于office工具来说，有很多比标点符号更好的方法，让我们的文字更容易被捕捉和理解。所以，不要仅仅满足于会使用标点符号！

此外，学校不是太出色，但个人特色鲜明、优势突出的同学，在简历的设计上，应尽量弱化学校名称、学校logo，强调个人特点，让自己的优势吸引招聘者的目光。除非系统自动筛选，否则人工筛选时很有可能因个人特色非常突出而让你获得一次机会。

哪怕只是长得比较端庄顺眼，也要把它变成自己的亮点！

为获得一次初试的机会，你值得做所有的努力。

3 信息要全面

个人基本信息、学习相关信息、社会实践/实习、项目经历、个人特长，一个都不能少，而且要放在同等重要的地位。

除了上述内容，还要注意几点：

● 照片

放一张正装照，最好拍得充满活力与朝气（千万不要像身份证、学生证照片一样弄得很刻板、呆傻），让人看了照片，就觉得你是一个很上进、好沟通、聪明能干的人。

● 个人特长

一定要写！否则过去曾经拼命练习的那些招式怎么让人知道？球类、舞蹈、乐器、唱歌（要比较专业的），都要用颜色突显出来！要知道绝大多数企业都非常喜欢组织球类比赛、组织年会，企业是多么需要这样的人啊！话说这样的活动常常少不了HR的身影，所以HR在看简历的时候，难免被这样的特长所吸引。

● 综合能力

除了读书学习之外的那些事，对外联系、对内组织、对上沟通都很有用，这些都是工作中特别用得着的东西。家教什么的就算了，那个对企业来说不是用得上的能力，至少不是直接用得上。

● 至少有一项特别吸引人

芸芸众生，茫茫人海，求职者如过江之鲫，30秒时间，有什么能让别人记住人，然后把你的简历放进“备选”文件夹？特色！

所有逆袭的“屌丝”，都有这样一个绝招！

做社团做到了极致！发文章发到极致！参加比赛赛出极致！拿奖学金拿到极致！总要有那么一样，让人觉得还是想面一面你。

当然，如果学校和专业都很牛，成绩也基本过得去的话，这一条可以忽略，PK点在之后的面试。

4 “卷面整洁”！

还记得高考前，老师如何苦口婆心地告诉你不要丢了卷面分吗？写字工整的人，高考作文都会多拿几分，简历亦然。

凌乱的简历，肯定突显不出重点。不工整的文字，也无法显示出专业度。

字体、字号、颜色，请先统一！重点强调部分除外。

行间距、缩进值，也请一致，不要让左边线像被猫挠烂了。

左对齐的表格，常常会比居中对齐，显得更加整齐一些。

不同的信息块之间，用更大行间距来区隔。

花哨，不是职场欢迎的风格，不必要的装饰全部去掉。

下面这个例子（例1）卷面偏乱，本来很不错的在校经历，被粗糙的外形给打了个大折扣。

而例2的整洁程度就非常好，可以轻松获得卷面分！

例 1

求职意向：企事业单位人事管理、行政管理等管理类或房地产策划等相关职位

姓名：张XX　性别：女　出生年月：1983.1　民族：汉
籍贯：湖南　政治面貌：党员
专业：经济学　联系电话：139*******　电子邮件：*******@QQ.com
通信地址：××大学经济学院　邮编：430079

教育背景：
2005.9—至今　××大学经济学院　经济学专业　房地产经营与管理方向　攻读硕士学位
2001.9—2005.7　××大学经济学院　工商管理专业　获得管理学学士学位

硕士期间主修课程：
微观经济学、宏观经济学、计量经济学、现代公司财务管理、区域经济学、城市经济学理论、经济理论问题研究、经济前沿问题研究、房地产评估与管理、房地产投资与开发理论、研究生英语

英语CET 6　计算机水平：国家计算机C++二级
有良好的英文口头和书面表达能力，熟练运用WORD、EXCEL、POWERPOINT等OFFICE办公软件

实践与实习：
- 2003.4—2003.5　兼职房地产市场调查，调查××市居民对住宅的要求，并负责了意见总结的工作
- 2005.3—2005.4　在××市S H地产有限公司实习，担任置业顾问
- 2005.7—2005.8　在××市组织中学暑期辅导班的开办
- 2006.3—2006.6　兼职××校园网的网站编辑
- 2006.6—2006.7　在××广告有限公司实习，组织产品推广活动
- 2007.2—2008.2　在××职业技术学院担任兼职老师，负责行政管理专业的相关课程教学
- 2007.3—2007.10　在××大学自考学院兼职行政管理专业的代课老师

例 2

教育背景

2005/09—2009/06　××大学法学院法学专业（学士）
2002/09—2005/06　××外国语学校

获得荣誉

- 2005—2007年**两度**荣获**校级“三等奖学金”**
- 2005—2007年获校级社**会实践调研报告“一等奖”**
- 2005—2007年获**广东省挑战杯比赛“三等奖”**
- 2006—2007年获**“校优秀共青团员”**荣誉称号（**83人中选一个**）
- 2006—2007年获校“爱我×大”征文比赛“优秀奖”荣誉
- 2006—2007年获校法律征文比赛“优秀奖”荣誉
- 2006—2007年获校法律知识竞赛团队“最佳默契奖”荣誉（**全院一个**）

工作经历

2009/01—2009/03　**北京外企人力资源服务有限公司××分公司（实习）**　**法务助理**

- 依据国家法律、法规及公司管理制度收集整理有关人事合同资料
- 协助法律顾问为企业人事方案的制订或者人事方案合法性、操作性的审核
- 对仲裁档案管理进行指导，保证合同管理的规范性及公司合同的合法有效性

2008/04—2008/08　**××发展有限公司（兼职）**　**培训师助理**

- 负责引导学员进行项目分享，达到培养团队凝聚力的效果
- 负责协助主培训师进行户外团队拓展培训，**团队人数30人**

2007/11—2008/03　**××市××法院（实习）**　**法官助理**

- 协助填写卷宗，对卷宗进行编码以及整理卷宗
- 签发传票及应诉通知书等诉讼文书，处理文书送达等相关工作

2005/11—2007/11　**中国移动××分公司动感地带品牌店（兼职）**　**客户服务代表**

- 接待顾客，并提供增值业务及资费套餐的咨询
- **从未迟到早退，多次获A级**工资标准，**客服满意度高**

学校活动

2007　**担任学校团委组织部拓展培训师**

- 负责培训学校各学院学生会、团委的主席、书记和各部长
- 分享项目，引导学员发言

简历准备工作事半功倍，不要吝啬于这一点付出。做好了，也让同学、朋友帮着看一看，感受一下你的简历的“阅读舒适度”，顺便也检查一下有没有错别字。

附上几个样例，让大家感受一下各种水平的简历——

附件1：各方面细节都很不错的（五星）

附件2：还不错，还有提升空间（三星半）

附件3：不太理想，影响拿分（两星）

附件4：很不好，容易被刷掉（一星）

附件1：简历范例（五星）

学校 LOGO

XX大学XX学院　国际经济与贸易专业　09届 经济学士

张××

申请岗位：营销策划

籍贯：吉林　　　　家庭住址：北京

身高：165cm　　　　政治面貌：团员

联系电话：139********

电子邮箱：********@QQ.com

通讯地址：××市××路××号××大学东区10栋312

教育背景　**××大学××学院**（××省最高商业价值管理学院）　**工商管理**（最高分专业）

2次获得一等奖学金，2次获得二等奖学金

学生工作

2006.6—2007.6　**××大学××学院学生会　副主席**

- 迎新晚会、运动会、女生节才艺大赛、经济文化节等**各项学生会活动的主要负责人之一**，主持学生会干部例会，主要管理秘书处、宣传部、资源管理部三个部门，优秀干部。

2005.9—2006.9　**××学院工商系　班长**

- 组织、管理班级事务，组织多次班会、集体出游、班级聚餐，积极组织班级对外交流活动，曾获得"最佳班集体形象"称号。**人际关系好，被同学称为"工商一姐"**。

2005.9—2006.6　**《××××》杂志社　编辑策划部干事**

- 策划杂志内容及编排，**设计多期杂志的宣传海报、传单、横幅**。曾参与"澳门航空杯"征文比赛的策划及赞助谈判，撰写活动策划及赞助协议书，成功拉到5500元赞助。

2005.9—2006.6　**××大学××学院学生会　外联部干事**

- 为学生会活动拉赞助，成功合作企业包括×岛眼镜、×师傅集团、××医院等。为第十三届经济文化节撰写活动策划书，**成功拉到中国移动2万元赞助；作为经济文化节主要负责人，组织开幕式、企业文化案例分析大赛，成为规模最大、奖金高的经济文化节。**

社会实践

2008.7—2008.9　**××大学××学院房地产研究中心　研究成员**

- 参与××等房地产开发企业调研，设计网上调查问卷，联系新浪房产频道进行网上调查，并对2000组数据进行统计分析。**独立建设专题网站"中国房地产企业社会责任网"**。

2008.4—2008.4　**中国移动广东公司××分公司　综合部兼职**

- 在一个月内整理公司最近5年的合同资料，对不规范的文件进行补充调整。

2007.8—2007.8　**××期货有限公司　市场部实习生**

- 开发新客户，每天电话访问量平均为80人，向潜在客户介绍公司的服务以及市场前景。

2006.7—2006.8　**××电气股份有限公司　生产部实习生**

- 全程参加正式员工培训，学习公司组织结构及办事章程。协助生产部主管处理日常办公事务，跟进每日原材料报价，与供应商价格协调价格变动。成功找到三家配件供应商。

技能与特长

- 语言能力：**大学英语六级，获剑桥商务英语高级证书，雅思Band6，粤语流利。**
- 计算机能力：熟悉Microsoft办公软件，熟练使用Word，Excel，PowerPoint。
- 特长：**拉丁舞**（校级表演）、**演讲辩论**（校辩论大赛优秀辩手）

自我评价　爱自己，爱生活。爱读书，爱学习。勤俭节约，吃苦耐劳。

附件 2：简历范例（三星半）

求职意向：行政管理

张 × ×

性别：女　　籍贯：广东　　身高：167 cm
专业：法学　　学历：本科　　政治面貌：中共党员
Mobile：139*******　E-mail：*********@QQ.com

教育背景

2005/09—2009/06　　× × 大学法学院法学专业（学士）
2002/09—2005/06　　× × 外国语学校

获得荣誉

- 2005—2007年**两度**荣获**校级“三等奖学金”**
- 2005—2007年获校级社**会实践调研报告“一等奖”**
- 2005—2007年获**广东省挑战杯比赛“三等奖”**
- 2006—2007年获**“校优秀共青团员”**荣誉称号（83人**中选一个**）
- 2006—2007年获校“爱我 × 大”征文比赛“优秀奖”荣誉
- 2006—2007年获校法律征文比赛“优秀奖”荣誉
- 2006—2007年获校法律知识竞赛团队“最佳默契奖”荣誉（**全院一个**）

工作经历

2009/01—2009/03　**北京外企人力资源服务有限公司 × × 分公司（实习）　　法务助理**

- 依据国家法律、法规及公司管理制度收集整理有关人事合同资料
- 协助法律顾问为企业人事方案的制订或者人事方案合法性、操作性的审核
- 对仲裁档案管理进行指导，保证合同管理的规范性及公司合同的合法有效性

2008/04—2008/08　**× × 发展有限公司（兼职）　　培训师助理**

- 负责引导学员进行项目分享，达到培养团队凝聚力的效果
- 负责协助主培训师进行户外团队拓展培训，**团队人数30人**

2007/11—2008/03　**× × 市 × × 法院（实习）　　法官助理**

- 协助填写卷宗，对卷宗进行编码以及整理卷宗
- 签发传票及应诉通知书等诉讼文书，处理文书送达等相关工作

2005/11—2007/11　**中国移动 × × 分公司动感地带品牌店（兼职）　　客户服务代表**

- 接待顾客，并提供增值业务及资费套餐的咨询
- **从未迟到早退，多次获A级**工资标准，**客服满意度高**

学校活动

2007　**担任学校团委组织部拓展培训师**

- 负责培训学校各学院学生会、团委的主席、书记和各部长
- 分享项目，引导学员发言
- 增强学校团队的凝聚力

2007/04—2007/06　**参加全国 × × 公司项目比赛 × × 大学项目组**

- 负责活动的前期策划和宣传
- 到 × × 学校和 × × 附中学校宣传学生投资理财知识
- 并举办相关讲座
- 撰写总结和论文，报告如期寄往北京

非常感谢您对我简历的耐心阅读　　× × 大学 × × 学院 张 × ×　　TEL:139********

求职意向：行政管理

2006—2007　**担任法学院054班班长**

- 负责组织班级出游活动，参与学院法律文化节策划，并组织本班摊位
- 获得学院法律文化节**“最佳人气奖”的荣誉**

2006—2007　**担任××大学心理健康协会秘书部部长**

- 主要参与策划和宣传“心理健康月”系列活动
- 活动取得圆满成功，**获得学校领导的好评**

2005—2007　**连续两年参加××大学暑期“走进新农村”大型社会实践活动**

- 分别走进云南、江西、四川、重庆等地，了解农村当地存在的具体问题
- 撰写论文，**引起社会各界关注这些地方农村的状况**

社会实践

2008/10　**中国杯帆船比赛**志愿者

2008/05　**可口可乐**奥运圣火火炬手传递志愿者

2008/04　**奥运会珍藏品全国巡回展览**志愿者

2007/10　**F1摩托艇世界锦标赛**志愿者

个人技能和素质

- **通过国家英语六级考试（其中听力和阅读最高分）**
  可听懂90%日常英语对话与50%西方电影，曾作为留学生的中文tutor
- 普通话、粤语为母语，基础韩语。
- **具有公开演讲的能力，曾连续三年**代表班级站在学院的演讲台上发表演讲
  曾经作为应届毕业生接受“在金融危机下大学生就业情况”的采访
- **驾驶执照（C1）**
- 计算机操作能力：Word：**打字速度100字/分，**熟练运用80%文字处理功能
  Excel：熟练编制表格
  PowerPoint：**擅长制作静态或动态不同风格的PowerPoint**
  熟练使用OA系统，复印机和传真机
- 爱好和兴趣：喜欢寻觅美食和自助游，善于发现美好东西和挑战自我
  热爱写作和摄影，**文字和图片作品多次发表于报纸或杂志上**

非常感谢您对我简历的耐心阅读　　××大学 ××学院 张××　　TEL:139********

附件 3：简历范例（两星）

吴××

教育背景

××大学　工商管理学院　会计系

将于2009年7月获会计学学士学位

2005年获得××省“三好学生”称号；2005年国家奖学金（全班69人仅1人获得）；2005年 获得××大学 “三好学生”称号；2006年国家励志奖学金（全班69人共3人获得）；2006年获得××大学 “三好学生”称号；2005年、2006年获得××大学三等奖学金

成绩：85（平均分）100（单科最高分）大学期间每年的智育成绩均位于班级前五名（全班共65人）

电话：139********　（0**）********　邮箱：*******@QQ.com

学术活动

2007年“挑战杯”大学生创业计划大赛财务总监　2007.04—2007.11

- “挑战杯”大学生创业计划竞赛被誉为大学生创新创业的“奥林匹克”竞赛活动
- 对公司进行一次模拟创建与运作，担任工作室财务总监，负责企业股权结构的设计、财务的全面预算
- 深刻感受到团队的重要性，个人的聪明才智只有融入团队才能取得更大的成就

2008年XYZ学生研究项目　2008.03—2008.09

- 在教师的指导下，组织学生参加科研工作
- 经过面试，参与题为“我国上市公司内部审计的有效性研究”的项目研究中提出理论假设及实证分析部分
- 意识到科研道路中艰辛，更培养了的竞争意识、创新精神和实践能力

实习经历

××电子公司见习　2005.11

××橡胶制造有限公司　2006.07—2006.08

- 负责公司内部档案的整理、修改和装订
- 负责整理资料，凭证的装订和财务部临时交与的其他日常工作，同时当月生产线工人工资的计算及数据录入
- 实习期间努力学习财务税务知识，了解企业组织结构

北京××会计师事务所ＸＸ公司　2008.01—2008.02

- 跟随事务所中负责复核的会计师学习，后期跟随项目负责人下到企业负责凭证的录入等工作
- 熟悉了事务所各种会计业务的操作流程，养成严谨耐心的工作态度

兼职经历

<u>××大学学生网络管理员</u> 2006.09—2006.11

管理一栋学生宿舍（共200余人）的上网事宜，包括网络维护，收取上缴网费，并向学校网络中心反馈学生意见。极大地提高与人沟通能力，深刻认识到和谐的重要作用，也增长了很多关于计算机以及网络方面的知识

<u>零点研究调查集团××分公司 复核员</u> 2007.07—2007.08

对调查问卷进行检查复核，查出纰漏。培养了耐心细致的工作态度，同时极大地拓展了自己的知识面

校园经历

- ✧ **<u>××大学工商管理学院两届清明义工</u>**
- ✧ **<u>组队参加校园科技文化节折纸大赛 获优秀奖</u>**
- ✧ **<u>××大学心理学社成员</u>**

英语及IT技能

- 达到国家英语六级水平
- 达到计算机二级水平

熟练掌握Excel等Office办公软件，学过VB、数据库SQL等计算机知识，在实习过程中熟练运用金碟等财务软件

爱好

- 听音乐、看新闻、读书、写随笔、绘画

附件4：简历范例（一星）

简　历

求职意向：企事业单位人事管理、行政管理等管理类或房地产策划等相关职位

姓名：张XX　性别：女　出生年月：1983.1　民族：汉
籍贯：湖南　政治面貌：党员
专业：经济学　联系电话：139*******　电子邮件：*******@QQ.com
通信地址：××大学经济学院　邮编：430079

教育背景：
2005.9至今　××大学经济学院　经济学专业　房地产经营与管理方向　攻读硕士学位
2001.9—2005.7　××大学经济学院　工商管理专业　获得管理学学士学位

硕士期间主修课程：
微观经济学、宏观经济学、计量经济学、现代公司财务管理、区域经济学、城市经济学理论、经济理论问题研究、经济前沿问题研究、房地产评估与管理、房地产投资与开发理论、研究生英语

英语CET 6　计算机水平：国家计算机C++二级
有良好的英文口头和书面表达能力，熟练运用WORD、EXCEL、POWERPOINT等OFFICE办公软件

实践与实习：
- 2003.4—2003.5　兼职房地产市场调查，调查××市居民对住宅的要求，并负责了意见总结的工作
- 2005.3—2005.4　在××市S H地产有限公司实习，担任置业顾问
- 2005.7—2005.8　在××市组织中学暑期辅导班的开办
- 2006.3—2006.6　兼职××校园网的网站编辑
- 2006.6—2006.7　在××广告有限公司实习，组织产品推广活动
- 2007.2—2008.2　在××职业技术学院担任兼职老师，负责行政管理专业的相关课程教学
- 2007.3—2007.10　在××大学自考学院兼职行政管理专业的代课老师

参与项目
1.2006年参加中国房地产估价师协会项目“中国房地产市场价格研究”。负责收集整理××省各地人均收入及房地产价格资料。
2.参加××市社科基金项目“城乡统筹发展的农民土地问题研究”，赴××省××县、××市××区进行课题调研。本课题研究正在进行中。
3.参加国家自然科学基金项目“××监控与宏观调控机制研究”，本课题研究正在进行中。

获奖及论文：

2003－2004年度获校二等专业奖学金；2004被评为××大学校三好学生； 本科毕业论文《××××××》被评为优秀毕业论文；论文《论××××》刊发于《××××期刊》2006年11月版

个性特点：

- 性格随和、谦逊，有耐心，有极强的责任感；
- 自立、自强、自信，有较强的学习和创造能力，有旺盛的求知欲；
- 有良好的沟通、组织、协调能力，具有较强的团队合作精神。

三、做好准备，迎接面试鏖战

已经准备了十多年，上完了小学、初中、高中，也上完了大学，甚至读完了硕士研究生，而且把简历都做得非常漂亮，也收到了面试通知，是不是意味着一个大offer正扑面而来？

还不够！为了最终拿到一个大offer，还要努力上一阵儿。

用之前所有的努力，终于获得了目标公司的面试通知，确实是一件让人开心的事，从简历量计算的校招录用率基本是千分之五以内，从初试量计算的校招的录用率大概也只有百分之五左右，基本不会超过百分之十。

是的，大部分的人简历都没有通过！为什么一直等不到面试通知？这就是原因。

参加了初试，绝大部分最终也会被无情地淘汰掉。所以不仅要把简历做好，面试各个环节也不能轻视！

1 熟悉公司的招聘套路

所谓知己知彼百战不殆，面试也是一样。

越是知名的公司，越是容易在网上找到他们的相关信息。但首先要解决的是这家公司招聘的套路是什么。

面试甄选不过就是笔试、群面、单面。笔试也就是性格测试、行测、智商测试等等；群面，有做讨论的，有问答的，有演讲的，有案例分析的；单面，基本就是问答式的，但有可能是两三个面试官面一个候选人。具体可见本部分的第四点内容。

知道了套路之后，可以做好心理准备。技术准备早就在大学前三年该做完了，临时抱佛脚的作用非常有限。

有心理准备，可以让人轻松一些上场，而轻松的心境往往带来超水平发挥的，至少不会发挥失常。大赛、大考等高手过招之时，硬件水平都已相差不多，心态已经成了拼杀的重要筹码。

在哪里了解？应届生求职网里面的内容足够丰富，越是知名的、规模大的企业，越是讨论热烈。就算你们学校是校招第一站，至少也可以看到去年的记录。

校招是个大工程，方案写起来都是几十页纸，各类PPT、物料之类的准备起来也够麻烦，如果不是企业的HR总监换人，一般招聘套路不会做太大的改动，所以参考去年的也多少是会有些用的。

2 了解公司的基本情况

目标公司的行业、产品、规模、成长轨迹……这些内容需要提前做好功课，如果面试的时候提到了，能答得出来，至少表示你对公司的重视。但这些还是比较表层的了解。

一般来说，公司发的校招手册，那上面可以看到公司所强调的东西——创新？活力？执行力？快速？当然，那些做得不错的公司网站上也可以看到一些，特别是在官网的招聘板块，甚至专门的校招板块。

这些看起来“虚”的东西，往往是在招聘中所看重的。为什么需要面试？如果简历中所表述的硬件已经可以完全展示一个人，那通过简历筛选就可以确定候选人了。但人的复杂性，只能通过面谈才能了解得更深入，但也无法确切，所以还有试用期。

在一对一面试中，如果你能把公司所强调的一些特质，融入到你所表达的自身情况当中，就很容易让面试官认同。但千万不要刻意，否则可能适得其反。

3 准备好干净平整的深色正装

这事的重要性就不用说了，如果这个还不明白，请参考宿舍其他同学的面试行头吧。都要成为职场中人了，一身正装还是很必要的，不要怕花这一点钱。

着装的细节要求，在第三部分的第二节中已经详细说过，在此不重述。

4 充分熟悉自己的简历（一句话、一分钟、三分钟）

这个功课要花时间认真做！自己如果都不能流畅地把自己的特点表述出来，还能指望别的什么?

每个公司会有自己的习惯，但通常会有这种限时简述。这项测试的难度非常大，同样一件事，同样的表述效果，你说出来所需要的字数和时间比别人少，这就是能力的一种体现。啰嗦谁都会，言简意赅才是水平。

所以，简历写好之后，还需要写三个版本的介绍词。

一句话介绍自己。这个时候如果只说“我叫张三，毕业于××大学××专业，本科”，那就太没有特色了，和李四、王五的区别在哪里？事实上，这些年的校招中，很多人在这样介绍自己，也确实很难让人记得住。这一句话中，要把自己最“闪光”的地方闪出来，比如：

我叫张三，毕业于中南六省第一校××××学校，主修××，大学里成绩好、英语棒、实习多、能长跑。

我是张三，来自××大学××专业，来自塞外边城，向往海滨都市，我要用我的才华和努力，在都市中证明我的价值。

…………

一分钟自我介绍。这里的信息量会大很多，但一分钟也就是250～280字之间。所以别写太长，否则现场为了保证说完导致语速过快，会让面试官的信息接收出现拥堵，和没说差不多。

这200多字里要把学业、实践/实习、特长、优势等几方面逐一表述出来，说自己做了什么、成就了什么、获得了什么认可，同时表述要有自己的特色，要让人能留下印象。

不要漫谈（超时要么会被叫停，要么会给人留下拖沓的印象），不要说自己成长多苦多难（农村出身的同学容易在这里诉苦）。更详细的简介或者是对自己个性与成长历程的介绍，放在一对一面试中进行。

三分钟自我介绍。这种机会不是特别多，但也需要有备无患。三分钟的介绍，对各项内容都有一两句话的延伸，再加上一个简单的事例，基本就可以完成。当然，如果文采够好，可以用三分钟讲一个完整的故事，把个人的所有特点都表达出来。

三个版本准备完了，要检查表达不要太书面化，稍微口语化一些可以让你在说的时候更加从容，而书面语言会显得生硬、做作。

准备完成之后，还需要流利地背诵下来。

背诵流利之后，还需要让语气、语速、表情都配合好。

然后，对着镜子或在朋友面前进行演示，直到自然而然、信心十足、一气呵成。

5 执着的心

坚韧执着是永远都用得着的心理素质，如果在之前已经修炼好了，就最好；如果之前还没做好这个准备，从找工作开始练吧。进入职场之后还会有更多的难题需要用它来攻克。

投简历，对于多数人来说就是一个考验耐心的过程。连续投一个月都杳无音信，怎么办？除了把简历修订得更棒之外，还是需要耐心等待机会的来临。

当然，有些时候，机会也需要主动出击去寻找。

前文所说的那位女同学，执意要参加复试环节坚持等面试官直到见到为止，就是一种执着。虽然最终在这里没得到offer，但也收获了内心的成长；如果能够从面试官那里听到一点建议，则收获更大。还有一种可能，是你的简历不如你本人出色，最终通过主动出击获得了机会，这在过往十年的校招中出现过不少成功案例。

对于特别有意向的单位，和周围的同学保持沟通，如果别人被通知到，而你没有，至少可以从别人那里获得时间与地点信息。

经历了初试和一次、两次、N次复试，但一直拿不到offer的同学来说，也是非常煎熬的。

有调查显示，在毕业找工作阶段，没开始面试所以工作还没着落给大家带来的压力相对较小一些，面了几轮，结果该出没出的时候，是心理压力特别大的时候。

多数企业的校招都是在年末的同一时间段扎堆进行的，无论经历了怎样的焦灼与失落，依然要认真、淡定地参加每一次面试。心一乱，后面的机会就受影响了。

对于还没踏出校门的同学来说，参加面试确实是一件非常有压力的事情，特别是刚刚开始找工作的时候。陌生的情景、陌生的人、陌生的未来，一次次冲击着那个尚未涉世的心脏！

而一年胜似一年的就业压力，似乎将高考的压力转移到了大学毕业时。每每看到那些出色的学生，面试官们也常常感叹——如果我自己生在此时，是否能够突出重围获得百中取一的那个机会？也许，在这样的压力下，你内心真的觉得自己没有太多长项、没有特别的竞争力、没有被录取的理由，你为这一切感到担心、胆怯、想逃，但在面试官面前，这些都要藏起来，展示那个最好的自己。

所以，前文一再强调多参与社会活动，提升自己的成熟度，提升自己的社会化水平。如果曾经在企业里实习过，熟悉职业的语境和习惯，面对面试的时候会从容一些。

但不管大学的前几年是否已经为这一刻做好了充分的准备，都要迎难而上了！

一线城市、知名企业，机会是有限的，但它会带给你不一样的人生！无论如何，奋力拼抢过一回，至少不会让你在30岁的时候觉得后悔。

四、知道HR们在怎么选人吗?

之前费尽心力学习和练习的思维、口才、礼仪、风度，终于到了上阵的时候。在这个时候，最重要的是知己知彼，了解面试甄选的整个过程，从而了解自己在哪个阶段应该如何展示自己的优势。

招聘甄选方法是既定的，选人无非是外看样貌口才、内看个性才华，所以，所有的方法都是围绕着这几个方面来进行，而对于求职者来说无外乎做好这几点——让自己看上去更让人喜爱一些、言行举止更有范儿一些、与人更友善一些、才华更横溢一些。但在各个环节如何充分表现自己？这正是本节要说的。

● 笔试：行测

行测的说法是来自于公务员考试。简单地说是测验人的通用能力的，如观察力、记忆力、注意力、思维力、想象力等等，通常包括言语理解与表达、数量关系、判断推理、资料分析和常识判断等考试内容。

通俗地来说，这样的测试用来了解候选人的智力水平，核心是人的逻辑能力。有的人三言两语就能说明白，甚至能够举一反三，有的人却要深入浅出地反复解释、反复举例才能勉强想清楚，就是因为逻辑能力上的差异。这些能力在公司中非常重要，决定了一个人的学习能力、成长性，所以公司选人时也会选择这类测量工具来做基本的了解。

这一类测试的准确度是比较高的，在过往数年的招聘中都显示出了它的鉴别能力：偏艺术类的专业通常很难考高分，因为这个人群正是第一部分所介绍过的“艺术型（A）”，逻辑是与他们背道而驰的，行测分不高属正常；在学校之间的差异也很明显，曾在北京、长春、武汉、长沙、西安、广州6个城市做过对比，一流名校云集的北京行测平均得分最高，其次是教育重镇武汉，教育资源相对较弱的长春，得分的排名就比较靠后了。

再与面试结合的评价对比来看，行测得分高的学生，通常在面谈的过程中，可以表现出比较好的条理性、逻辑性，而那些谈话时容易跑题、抓不到重点的人，常常行测得分也不太高。

所以，不要忽视这样的测试，大规模的筛选阶段，通常会使用这类人力投入比较小的测试方法，如笔试。如果这一关过不了，面对面的机会可能都无法获得。

这类考试的一大好处是不用考前复习，当然也根本无从复习。

但一大坏处也正是无法临时抱佛脚。

从心理学的角度来说，人的逻辑能力与遗传和儿童期的发展有很大关系，在青少年时期就基本发展完成了。这意味着在行测中，对题目本身的理解、判断、结论的能力，大学里的我们能做的已经非常少，但也不是完全不能努力。

在上一部分曾经谈到过思维的训练，和这部分的测试有很大关系。当然，所有的训练，目的并不仅在于通过面试，而在于日后的工作中能有备而去，尽快地成为优秀的人才，也在优秀人才的角色上停留尽量久的时间。

网络上类似的题目比较多，可以做一些练习，熟悉题型，熟悉这类考试的感觉。这种考试需要快速反应的能力，所以通常题量很大，基本上要做到阅读完题目立即要能得出结论、做出选择，而且阅读速度还要比较快，不是一字一句慢慢抠。这些关于题目形式和做题速度方面的认识，都是可以通过练习来提高的。

记住，贯穿本书的一个观点——任何时候都不要放弃努力！哪怕只能给你带来1%的变化，诸多个1%集合起来也将产生强大的力量。

● 笔试：性格测试

在第一部分就提出了个性与职业匹配的重要性，企业用人时同样希望候选人的适岗性较好，未来的成长空间也会比较大。

其实从第一部分介绍的霍兰德六大职业类型来看，个性本身并无好坏，每一种个性都有适合它的职业，每一种职业也都有“出状元”的可能。所以千万不要以为个性开朗就是优势、个性内敛就是不足，也不要认为大大咧咧就是缺点、谨小慎微就是优点。

基于此，我们在做性格测试的时候，一定要按真实的自己去答题！一方面是帮助你自己和用人方都做出一个准确的判断；另一方面，一般性格测试的题目中都会设置一些测谎题，如果类似的问题总是出现相反的回答，最终的测试结果会被视为无效。

性格测试完全不需要准备，这些属于个人最根本的特质，基本改变不了，也无须做任何掩饰。

● 小组面试：无领导小组面试

这基本上是最常用的群组面试工具了，几乎每个公司都用。

要了解无领导小组面试的攻略，首先要明白为什么会有这样一个工具，它到底用来测试候选人的哪些特征。

无领导小组面试，要求10个左右的候选人组成一个临时团队，按给定的问题进行讨论，并做出决策。这类问题通常没有准确的答案，甚至都没有明显的倾向性，也没有团队的负责人（无领导），团队内部各个组员之间是平等的关系。

通过三四十分钟的讨论，需要达成共同的结论，还需要产生一名陈述人，最终向面试官陈述最终的结论。

题目看似简单，但测试点非常多。先看整个过程。

首先，这10个人要有效地进行讨论，得有一个组织者，还需要个记录者来记录大家的观点，还需要有人来计时（这样的讨论都是有明确时限的）。

然后，由于讨论内容没有倾向性、没有准确答案，往哪个方向讨论都有道理，所以团队内部很容易出现分歧。这个过程需要有人整合、协调，也需要有人发表意见，甚至还需要有人做出妥协让步。

最后，无论怎么争辩，还是得达成团队的最终意见，这个意见需要有理有据地推导出来，还需要清楚地陈述出来，陈述也是有时限的（一般3分钟左右）。

了解过程后，我们看测试点。

关于无领导小组讨论环节，有很多同学存在这样的误解，觉得面试官是看谁能担任组织者、谁能来总结发言，能争取到这两样就是优秀的。事实上完全不是这样，这个测试没有那么简单。

能在整个讨论的过程中担任一名出色的组织者，那一定会给面试官留下深刻的印象。但一定要量力而行，如果在组织协调方面不具有一定的优势，那么建议不要在这样的环节露短。

一名出色的组织者，应该具有什么样的特点呢？首先，要能够带动讨论的气氛，让大家在尽可能短的时间内破冰，开始表达观点。其次，要能控制讨论进程，对于过于啰嗦的发言，要及时进行制止，但又不要伤害大家的热情；组织的过程中要照顾到每个成员的发言，不要让讨论变成几个外向者的专场。同时，组织者自己的表述能力、总结归纳能力也要比较强，能够比较清晰地判断哪些观点是在重复表达、哪些观点是新颖的补充，也就是说能够让讨论时间得到非常有效的利用。

如果你具备这样的一些特征或者至少具备大部分这样的特征，可以去争取组织者这样的角色。

如果在一个小组中大家都非常谦让，或者说退让，结果你被大家推选出来做组织者，而你本身又不太具备这方面的能力，那也建议不要过分地退缩。勇敢地站起来，好过逃避。

在讨论的过程中，逻辑清晰、口齿清晰、信心十足都很重要，宁可在开始的时候说一两条，虽然不够完全，但后面可以再继续补充，也不要一直等着不说话，到最后说“我和某某某的观点其实是一样的，就不说了”。不管你有怎样的才华，在这样的场合不说话，面试官就无法发现你、认可你。

但是如果你的想法完全没有想好，还处在混乱的阶段，那么宁可等到后面再说，不要在逻辑混乱的时候胡乱表述你的观点，那就是在展示自己的不足。

整个的表述过程中，通常是充满了冲突的，冲突的双方会各执己见、各执一词，这也正是这一项测试的有趣之处。

出现冲突的时候不要激动，对于各方的发言都要认真地去听，特别是观点不一致的地方。听的时候最好还要有眼神和表情的配合，这是体现团队精神的非常重要的环节。同时，边听还要边组织自己的语言，没有自己的观点、没有自己的语言，再多的倾听也无法在这样的群组测试中脱颖而出。

千万不要在别人说的时候，只顾闷头写自己要说的话，等到有空的时候，自己对着稿纸把想要说的东西念一遍，这样的方式得分一定很低。

如果你没有争取到“组织者”的角色，而在讨论过程中，你发现了组织者在组织能力上存在一些不足，那么，主动地去帮他分担一些组织的责任，也会让你加分。但如果组织者本身工作做得很好了，请不要在这个环节去抢戏，那样印象分会打折扣。

讨论过程中，计时人员要把时间把握好，主动帮助组织者，进行合理的时间控制。特别是在后半段要留出足够的时间来进行论点论据的梳理和发言内容的整理。这里依然可以体现出来控制能力和协作意愿。

还有一个大的挑战是最后的总结陈述。这个角色需要把之前三四十分钟时间里面大家表述出来的主要观点，用言简意赅的方式表达出来，既不能遗漏或是弄错，也不能过于啰嗦，因为时间有限。要在这个环节有备而战，通常最好能在讨论过程中担任记录者，因为可以在记录的过程中，对所有的论点论据进行初步分类整理。

毫无疑问，最终能做一场精彩的三分钟总结陈词的人，一定会给面试官留下深刻而美好的印象，但前提是思路要清楚，口才也很棒。之前的面试中总会出现这样的情形，一个小组里面你推我让最后选了那个愿意默默为大家服务的人来做最后的总结陈词，而这样的人，通常口才不是很出色。这不但给整个团队丢分，同时，个人的短处也被充分地暴露出来。

当然，在这些年的校招中，也见了不少出类拔萃的年轻人，能够在极短的时间里，对总结发言进行精妙的语言组织，最后的慷慨陈词让人精神一振。无论结论对错，也无论论据充分与否，能够条理清晰地组织这样一篇总结陈词，同时，充满自信、抑扬顿挫地将观点表达出来，本身就是非常出色的表现。

无论是在哪个角色上、无论哪个阶段发言，发言者的口头表达能力、语言组织的精炼程序、表达内容的水平高低，以及说话过程中所呈现出来的情绪、表情、包容力、理解力，还有仪表仪态，全都被面试官尽收眼底。

台上三分钟，台下十年功。要在这里崭露头角，大学四年多多自我修炼吧！

● 小组面试：结构化面试

结构化面试是指提问内容、评价要点都基本上标准化、固化的一种面试形式，这样的面试是事先策划过，所有的问题与用人标准是相关联、相对应的，可以帮助用人单位比较全面地了解候选人的一些必备条件。

而面试官只用按照事先拟定好的问题清单逐个提问，并做记录就可以，不用担心少问了什么。所以，对面试官本身的要求不是太高，也便于做大面积筛选使用。

由于结构化面试的问题基本是一样的，所以可以让三四个人同时参加面试，提问一次，这几位面试者都作答，既省时间，也方便进行对比。

当然，也会有一些公司在单独面试的时候使用结构化面试，但这个过程中的注意要点是基本相似的。

结构化面试过程中，多数问题会是“开放式”的，也就是说不能用“是”“不是”“对”“不对”来回答，是需要延展的，没有所谓的标准答案，但可以看到个人倾向性。所以，既可以通过回答了解个人的一些内在特征，也可以看到临场的语言组织能力和表达能力。

注意了，面试的时候HR通常都会非常友善，但那是职业要求，代表的是公司形象，并不代表他对你非常满意。所以看到HR的满面笑容千万不要得意，然后忘形。

结构化提问常常会有类似问题：

你成长过程中觉得最骄傲的一件事情是什么？

大学里，你做的最失败的一件事情是什么？

对你影响最大的一本书是什么？

对于这个岗位，你最大的优势是什么？最明显的不足是什么？

你最欣赏的那个人是谁？

你对未来的职业发展空间、企业环境等等，有什么想法？

你最不喜欢跟什么样的同学一起完成任务？

这一类问题，看起来比较随意，回答起来也没有固定模式，但是带来的信息量却非常大。

比如看重同学的是诚实勤劳的品质和看重同学的创意想象力等，这两种倾向所代表的内心是不一样的。

比如聊到自己做的最成功的或做的最失败的一件事的时候，你所强调的成功的点或失败的点，以及在这个过程中所描述的一些细节，代表了你内心所关注的重点在哪里。有的人关注个人的名誉，有的人关注别人对他的评语或感受，有的人关注自己的发挥，有的人关注这件事对团队的影响。

通常过于看重个人得失的，过于介意他人的评价的，太看重压力和付出的，都不是企业所偏好的特质。

那是不是我们都按照非常高尚的、非常优秀的模式去杜撰一个故事，就可以了呢？

肯定不行！这个要特别注意，为了准备面谈，我们可以事先去做好选择，选择合适的事例在面试的时候谈，不适合的可以不提及。但是，我们所说的东西一定要是真实的。除了做人诚信的要求之外，HR在面试的过程中也是有相应的技巧的（参见后文），如果在细节的追问过程中答得含糊其词，或者是前后两次的询问过程中出现了不同的回答，那么内容设计得再漂亮，最后都会出局。

所以如果想让自己在这样的面试过程中能够言之有物，同时又富有意义，受到企业青睐，还是需要在大学求学过程中，做好充分的准备，而绝不是在面试环节上做小动作、投机取巧。

为了让非HR专业的同学都了解面试中的小玄机，这里给大家介绍面试官非常常用的一种面试技术。当然，也正因为这样面试技术的存在，所以我们对待面试要有备而去，但不要凭空创造经历，免得在面试过程中被看出破绽。

“行为事件面试” Behavioral Event Interview（BEI）

行为事件面试常常采用开放式的行为回顾式的提问，一般分为这几个步骤——

Step1：访谈开始阶段的自我介绍和解释

Step2：了解被访谈人的工作学习经验

Step3：深入挖掘被访谈者的行为事件（一般采用STAR法）

Step4：求证被访谈者所需特质

Step5：结束语

这里的核心部分是Step3，会占用大部分的访谈时间，并且要求面试者提供具体的事例。常用的提问是：请您谈谈在最近1～2年中，您负责过的最成功或最满意的3个事例。

面试者需要回答的是具体的场景下具体的行为、过程、结果，不可以是假设性的答复，也不能是哲理性、抽象性的行为。

"行为事件面试"中的STAR法则

在对Step3的内容进行挖掘时，又经常会采用STAR方法来深层次挖掘出具体的行为细节来。STAR是BEI最好的武器，也是最有效的问法，访谈中主要使用STAR提问。

STAR法则主要有四类问题：

S（situation）"在什么样的情形下？为什么会有这样的情境出现？都有谁参与在这个情境中？"

T（Task）"您面临的主要任务是什么？您的目标是什么？"

A（Action）"在那样的情境下，您采取了一些什么行动？""在行动的过程中，您的感受是什么？""您身边的其他人采取了什么行动？"

R（result）"最后的结果是什么？过程中又发生了什么？"

此外，结构化面试对候选人语言组织能力、口头表达能力的判断，也是非常直接、全面、清晰的。

在本书的第二、第三部分都一再强调口头表达的重要性，这里还要再强调一次。无论是敏捷利落的语言组织，还是流畅自如的表述，这项能力会影响我们一辈子，无论是毕业找工作、工作后向上级汇报、当领导管理下属，还是谈恋爱、处理家庭关系，口才都在随时彰显着它的重要性。有多少人因为笨嘴拙舌而与好机会擦肩而过，又有多少人因为出口成章而平步青云！

口才的练就绝非朝夕之功，所以别浪费大学的好时光，也别只记着练习英语口语！外企团体性沉沦的今天，内资企业日益强大，越来越焕发生命力，还是要把说好中国话摆在第一位。

面试的时候特别要注意去掉不好的说话习惯，最常出现的问题有这样一些——

口头禅太多。经常说“就是说……就是说……”“那个那个”“然后呢……然后呢……”。这些无用的语气词一次次把表述的内容切成碎片，表达的流畅性打了折，还会让人觉得你思维速度跟不上。

语速过快。这常常是因为紧张造成的，还有小部分人是平时习惯如此，但在压力下，你思考的速度如果跟不上你飞奔的语速，就会出现张口结舌的场面。即使思维能跟得上，过快的语速让听者难以完整捕捉你的全部信息，过犹不及。

小动作多。小动作多是因为紧张，所以不停地捋头发、整理衣服、扶眼镜；当然也有一些因为不良的日常习惯造成，最典型的就是转笔、抖腿。

语调、音量不合适。平缓的中音是比较能产生说服力的声音，又高又尖的声音容易让人厌烦，过于低沉又会显得缺少活力。此外，国人说话声音太大的问题也常常被带到面试中来，要知道太“洪亮”的声音会显得愣和教养不足，但过于细小的声音又会显得缺乏自信。

这些问题都是非常显性的，最简单的检验方法就是给自己布置几个题目，一边即兴说，一边用手机拍下来，然后自己看、自己分析，有什么毛病一下就能看出来，知道了毛病所在也便于提醒自己修正、提高。当然，如果有人帮你做指点就更好了。

在内容的组织方面，判断的难度就会大很多，主要靠平时的刻意练习，但有一些小技巧需要注意——

体现条理性。一个能让人明显感觉到你条理性的习惯，在于说话的时候有“一、二、三”，或者用“首先、其次、然后……”来划分表达的层次。

当然，这一、二、三里面要有具体的、属于平行关系的内容，如果在这样的表达形式下，几方面内容却是从属包含关系，或者干脆没有逻辑联系，就会适得其反——把大脑内的混乱暴露了！

兼顾全面。平时生活中大家都比较怕一根筋的人，非此即彼、非黑即白，工作中也是一样。多数事情都没有绝对的正确和错误，在表达自己的时候要注意。比如，你提到自己不喜欢和散漫的同学共事，即便这样的人执行力不好、经常耽误事，但或许他想象力比较丰富、创意点子比较多。能够兼顾人与事的多个面，会显得思想更加成熟、包容力强。

与时俱进。对于社会热点问题、国家宏观大势、行业最新动向，保持有一定的敏感度，并在谈话中展示出来，同时有自己的观点，这是体现个人见识与思想的好方式。所以，别把时间都浪费在娱乐八卦上，除非未来准备往娱乐杂志方向发展，否则你的面试和工作永远用不着这些东西，还是多关注国际形势、经济民生吧。

● 即兴演讲

即兴演讲的难度非常高，通常从给出题目到现场演说只有15分钟左右的时间做准备，完全不可能写稿子，更不用说查阅资料、典故了，靠的全是真实力。

在这个阶段，用人企业其实也并不期望听到字字珠玑、气势如虹的旷世佳作，毕竟不是主持人大赛、演讲大赛，但用人单位希望听到有思想的声音、流畅的表达、略有文采的语句。

所以先放松，既然不需要七步成诗，那就用15分钟的时间定好观点与方向、搭好内容大纲、选择两三个有价值的佐证就够了。内容的框架搭好，大概考虑一下语言的组织，语言不要太随意但也不宜太书面，更不要现场写来背诵。因为来不及写完就要上场了，根本没时间背诵，甚至内容都没有做完整的准备，十有八九效果不好。

如果有可能，请准备一个漂亮的开场！出色的开场吸引了面试官的眼睛，将产生非常好的首因效应，对之后的面试事半功倍。

演讲开始，注意用演讲的语气、表情、动作来展示，而不是与同学聊天的模式；尽量去掉不需要的铺叙，如“这是临时准备的，可能准备得不好……”“我没有即兴演讲的特长，现在觉得有点紧张”……

用一句简单的介绍，效果会好得多：“面试官好，我是×××，我今天的演讲题目是×××××× ”。

演讲也是面试的一种，所以在内容的组织和表达的习惯方面，要求和上一节所强调的一样。

● 单面

这里所说的单面，主要强调的是非结构化的面试，通常在高阶管理者做面试官时会用这种方式来面谈。这时，候选人的硬件条件已经被层层筛选过了，基本都能满足企业用人的要求，只须看个人的一些软性特质与领导的期望是否吻合，通俗地说就是气场合不合。

这个部分的难度在于，你无法事先确定领导偏好什么样的风格。有的领导喜欢活跃大方的，有的领导喜欢稳重冷静的，还有可能喜欢艺术气质的。

所以，在这样的情况下，be yourself最重要，装成自己不熟悉的样子是很难的，还可能邯郸学步，最后自己的本来面目都找不回来了。因此天性活泼的就以活力展示，少年老成的就用稳重表现。

但是，be yourself绝不等于随意、散漫，无论活泼还是稳重，在职场都有一些共同的特征——

自信：你的语气、表情、眼神、姿态都无时无刻不在告诉面试官你是充满自信的，还是连自己都觉得自己不行的。

头脑清晰：逻辑性、条理性，是职场拼杀的必备武器，即使是刚毕业也应该初步具备这样的能力。

言之有物：你所说的，代表了你过往十多年的积累，这个比证书复印件更有说服力。

举止有礼：出色的职场人常常是有礼有节的，这方面的教养应该在踏入职场之前就已经有所修习。具体可见第三部分第六点“培养招人喜欢的习惯”。

这些年的面试中，也看到了不少问题，而面试者对此全然无知，当然机会也就在不知不觉中离开了。

扮酷，以为冷峻是高级范儿，偶像剧里的无脑少女可能喜欢，职场欢迎的是热情。

扮萌，以为娇滴滴、萌宝宝可以招人喜欢，生活中或者可以，但职场不需要娇娇女（没人伺候你）。

回答问题不看面试官，回避代表的基本是内心的胆怯。

坐没坐相，面试的时候斜倚在靠背上，或跷着二郎腿；或是弯腰哈背，没有精神。

…………

这些都是很容易改变的问题，所以尽量避免被这些问题减分吧！

五、Offer来了，谈什么？看什么？

说句公道话，现在的应届生招聘面试确实非常残酷，绝不亚于当年的高考，而在校招季获得规模实力不错的公司offer的难度，几乎相当于当年考进前十高校。

终于收到录取通知书（offer）了！第一时间当然是喜不自禁，但仔细看一看就会看出一些想法来。offer会告诉你薪酬、福利、工作地点、工作岗位等等。最能够让人欢喜让人忧的当然是薪酬。

如果能够拿到几个最热门行业的TOP5公司的offer，几乎会毫无悬念地获得一个让人雀跃的薪水数字。但绝大多数人没那么好运——或者行业好但公司不太好，或者公司还不错但行业前景一般，或者就是觉得薪资不够理想，或者行业和公司都不太理想但暂时也没更好的offer做选择……

如果你手上有多个offer可以选择，那首选行业！

就算目前的薪资一般，只要行业好，未来跳槽的机会总是有的；但如果行业不理想，工作三五年之后要换行业，多少会有损失。行业好不好怎么了解、判断，参见第一部分所述。

再看公司。公司品牌、实力、发展这些当然要看，但还要看公司的培养机制，能否把应届生作为重要的人才供给来源来对待。比如地产界有名的华润、中海，应届生可以获得的学习机会、成长机会就非常多，发展空间也往往好于社招人员。而有的公司把应届生当作廉价劳动力，去了基本就是打杂，这样会很难学到真正的专业经验，也就很难获得成长。

一般校招的时候，公司都会将应届生的培养机制向学生进行宣传，越是培养机制完善的越会努力造势。这些对人才富有责任感的公司，会让你的职业从一开始就进入目标清晰、轨道完整的良好状态，最大限度地用好你的青春年华。

其实，这才真正是“不输在起跑线上”！

还有一个大家最关注的事情——**薪酬**。

薪酬是在offer阶段最直观、最方便对比的东西，但却是在毕业时不用太过在意的事情。给应届生的薪资标准，基本都是事先确定好的，越是规模大的企业越是会坚持既定标准——因为标准打乱，影响的将会是一大批人。

所以，如果你有能力获得足够多的offer，可以在几个offer之间做选择，那可以优先考虑工资更高、福利更好的。但不要和某一个企业的HR商议月工资是否可以增加500块钱，一是基本不会达到目的，二是容易给企业留下非常“计较”的第一印象。

只要是行业和公司还不错，薪资早晚会加上来的。这个公司不给你加，别的公司也会加钱把你挖走的，前提是你具备市场价值了。

而重点也正在于此——**市场价值**。

应届生的市场价值是比较低的，因为刚毕业到公司能够贡献的生产力极其有限，可能都不如一个手脚利索的文员，而公司还需要花时间为他们做培训、花人工对他们进行引导，所以这个阶段的投入产出比可能是负的。而如果一个应届生要离职，那给公司带来的损失也非常有限，基本就是招聘费用的损失，公司要找到一个新的应届生来补充空缺相对比较容易。

那公司为什么还要招聘应届生来培养呢？因为高素质的应届生成长性非常好，可以在比较短的时间里获得极快的成长，基本上3年左右可以成长为有用之才；又由于刚刚毕业就加入这个企业，所以，他对于企业的理解、对于工作模式的概念，全都在这个企业中形成，顺理成章，对这样的企业文化的适应度就会非常高，从长远的用人来看，企业都欢迎与企业文化匹配的人才，作为未来长远发展的骨干力量。

所以，对于有战略眼光、长远发展目标的企业来说，他们还是欢迎应届毕业生加盟的。

正是一些企业把应届毕业生当成人才而进行战略储备，他们才会真正地去关注这样的人群，给他们提供学习的平台、成长的机会以及未来施展的空间。这样的企业通常拥有一整套完善的应届毕业生培养机制，比如中海的海之子计划、万科的新动力计划、金地的金鹰计划、龙湖的士官生计划等。事实上这类企业都通过应届毕业生的培养，获得了不少的杰出人才，最终这样一些年轻人，成长为企业的中坚力量，在一些关键的岗位上成为栋梁之才。

所以，在我们考虑offer的时候，更多的还是看企业是不是重视应届毕业生的培养，是不是把应届生作为未来人才供给的重要来源。

如果说企业把应届生当作拿来就用的劳动力，那么小心，很可能你去做的会是一些非常简单的、没有价值成长的工作，比如电话销售、跟单人员等。这样的企业，就算工资给得比较好，也不建议做选择，因为看不到未来。当然了，常常这样的企业给到的薪资也非常有限。

还有一些企业会跟风去做校园招聘，但是内部的管理机制不够完善，人才培养的通道不够畅顺。这样，也是有风险的。进入这样的企业，靠的是自己的悟性，悟性好的未来依然大有可为，悟性差的那只能自生自灭。

因此接到offer的时候，建议向企业的HR仔细了解企业对于应届新人的培养方式、培养目标。

另外如果有可能，还需要向企业多了解一些企业文化方面的内容。对于企业文化，一怕内部的山头斗争，二怕工作强度与个人偏好不匹配。

应该说大部分人是不喜欢内部斗争的，还是更倾向于把工作做好。但偏偏有一些企业，内部弄出复杂的人事关系，会让身处其中的小年轻人备感难受，当然，这些内容，你很难通过HR了解到，通过各种社会关系和互联网，才有可能了解更多的真实细节。

工作强度也是一个很重要的取舍。一些年轻人非常渴盼高强度的工作，因为他们知道，只有这样才能够让自己获得快速的成长。如果他们进入了一个朝九晚五、四平八稳的公司环境，那一定会觉得乏味无聊、度日如年。但如果在一个充满朝气的高强度工作压力的环境，可能会让他们感到意气风发、愈战愈勇。

反过来看，生活中还是有不少人希望工作与生活的平衡。过多过频的加班会让他们觉得崩溃懊恼，按时上下班、拥有自己的生活，才是他们真正追求的目标。他们如果进入了一个高强度的工作环境，坚持不了太久就会觉得生活单调乏味，濒于崩溃。

所以，在本书的第一部分就提到了，我们要看到自己内心的需求，看清楚我们自己的偏好，做出属于自己的那个正确选择。

有一点再强调一次，那种钱多事少没压力的工作还是非常罕见的，我们就不要把这样的工作定义为自己的目标了。

这个世界上没有无缘无故的爱也没有无缘无故的恨；没有无缘无故的获得，也没有无缘无故的失去。你未来的一切，都是今天的决定和努力所换来的。选择忙碌，就不要抱怨没有生活；选择了工作与生活的平衡，就不要抱怨自己的事业不如他人。

选择，永远是非常为难的一件事情，因为选择就意味着舍弃，没有舍弃的不叫选择，而是结果。无论在选择的过程中，舍弃了什么，一旦选择了就不要再左右彷徨，不要犹疑后悔，按你选择的努力下去，都会有好风景。

六、根本拿不到校招offer怎么办？

这其实也是我本人最不想面对的一个话题。十多年的寒窗苦，最终竟无法兑现它的价值，对于每一个人来说，这都是一个莫大的打击。

根本拿不到offer无非有这样几个原因：学校确实很不好；专业确实太冷门；成绩太差了，连二本三本都没考上，甚至是二级学院的大专；再就是个人基本素质不过关，比如形象过差，过于怯懦不敢说话，过于不善言辞，过于懒惰找工作都偷懒……这里的多数问题，如果你把第二、第三部分所提到的各项修炼都努力做过并做好了，问题就不存在了。

自身的问题好改变，但学校与学历的改变确实是个麻烦事。

本科学校或者专业如果真的太差，严重影响到找工作，那还是按照之前建议的——考研，转一个学校或者专业。对于大专或者是二级学院的学生来说，强烈建议首先专升本然后考研。这样通过考研改变命运的在以往校园招聘过程中见了很多。你不放弃学习，学历就不会放弃你！

当然，由于校招常常在各方面的要求比较苛刻，若是真的在校招中没能获得机会的，也可以通过社会招聘的网站，去投递简历获取工作机会。但是请做好心理准备，这样的工作通常都是非常基层和低端的，而且，你无法去要求用人单位具有完备的应届毕业生培养计划。当然，更加不能要求用人单位提供多么好的岗位、薪资、福利。对于这个，我只想说，如果之前你不如别人努力，就不要在此时抱怨命运的冷淡，先找到工作，通过下一段赛程的努力，争取在另一个生命历程中得到命运女神的垂青。

这不是一条容易的路，但是，也曾经看到了不少逆袭的朋友。这样的人，通常有一个共同的特点：虽然教育背景很不好，学历很拿不出手，但是，他们做事很认真、很努力、很愿意学习，在岗位上不辞劳苦，同时情商不错。而具备这样精神的人一旦有机会进入一个有一定规模的企业，哪怕是从底层的岗位开始，也会有机会，通过环境的熏陶和历练，最终获得成长。

在我的工作历程中，看到过这样的一些例子：

某A高中毕业就出来，90年代找工作也曾经历过黑暗的摸爬滚打，最终成为了一名房地产的置业顾问（这个工作几乎没有学历门槛）。由于他好学，同时又擅长与人打交道，房子卖得很好，收入自然也可观；而他不仅仅满足于此，不断学习营销策划方面的知识，后来做到销售经理、销售总监，进而成为公司的副总。

某B，一个三本院校本科毕业的女孩，独自一人到一线城市打拼，没有亲戚没有朋友帮她的忙。从一个工厂跳到另外一个工厂，从文员到跟单，还做过一些非常奇怪的岗位。但她的好学上进从来没有被抹去，最终在一家外贸公司，谋得了一个外贸员的职位，一步一步，做到业绩最棒的外贸员，再到片区业务的负责人，做到今天成为公司的合伙人。

某C，大专毕业，揣着梦想到大城市里找机会。做了很久的文员工作，就是没有机会进入专业岗位，但是，他一直不放弃，边工作边学习专业知识同时修习本科课程。在拿到本科学位的时候，他向公司申请向专业岗位转型；成为专业角色后更加努力地把专业工作做好，同时边工作边继续研究生课程，最终拿到了MBA。几年之后，由于他在专业工作上的良好表现，获得了第一次晋升，进入管理岗位，在经过了数年的磨砺之后又获得了部门负责人的职位。

就像那句话说的，梦想还是要有的，万一实现了呢！

但仅仅是怀揣梦想还远远不够，如果你不曾在少年时代像他人那样挑灯夜战，那成年之后踏入社会，你还有再一次拼搏获取的机会，但绝不是坐等机会降临。带着梦想和努力上路，或许未来的某一天，你也会做得很不错！

在怀揣梦想上路的时候，一定要坚定信念、拼搏不止。几乎每一个人在职业初期都会经历一段黑暗，找不到方向，所有的努力都没有结果，感觉不会有明天。坚持下来的人就会看到最终的万道霞光，中途放弃的人永远都在感叹“机会是别人的！”

七、爹妈没后台怎么办？

这本书从头到尾讲的，都是关于如何通过自己的努力来获得自己想要的未来，而并不在意父母的实力如何。这里，给父母强调的，只是不要用陈旧的观念给孩子误导，不要用自己本就不太高远的眼光来限制孩子对未来的向往。

现实中确实有不少年轻人抱怨自己的爹妈没有大本事、爹妈没有混出一个样，所以让他全部都要从头开始，压力太大，没有可能做到很好，没有可能像他某某同学一样高点起步、高举高打。

但在现实中我们看到过太多太多靠自己努力获得最终职业成长的人。这个人群才是我们要去学习的榜样和楷模。

我很喜欢跟大家分享一个例子，某J，70后的尾梢，家乡在非常贫困的农村，穷到他在上初中之前都没有穿过真正的鞋，只穿过草鞋。因为初中在镇上，不能光着脚去，所以才拥有了平生的第一双鞋——塑料凉鞋，这个凉鞋要伴随他一年四季。

他上大学靠的是助学贷款，读硕士靠的还是助学贷款。985院校的本科和硕士，成绩不错，校内学生工作也做得风生水起，毕业后独自到深圳找工作，之后努力地工作。他之前的准丈母娘却嫌其家境过于贫困，而将从大学开始谈的女友生生拆散、远嫁异地。

但他从来不为此埋怨命运不公，而是一步一个脚印地向上努力——加班从来不会叫苦叫累，接到的任何一项任务（无论职责内、职责外）都认真做好，永远保持乐观，极少听到他的抱怨。硕士毕业八年后，做到子公司的副总，不但早就还清了所有的助学贷款，而且娶妻生子、其乐融融。

在我的印象中，只听他说起家乡的贫困，但是从来没为此哀叹过、埋怨过，只告诉我们他的哥哥比他更努力。

还有一个女生的例子，某Y，来自于内地某个小城市，家里条件一般中的一般，父母是普通的企业职工，生活基本过得去，但完全没有可能在职业上帮助到她。而她之前的求学过程也并不顺利，毕业于内地一所普通的二本院校，如果不是她毕业于那里，我之前都没有注意过有这么一所学校。她也是一样独自一人到深圳求职，十年前的应届生就业还没有现在这么难，有幸获得了一个小公司的职位后，之后十年如一日地努力工作，一刻不停地学习补充新知识，在职获得了一个在职硕士学位和一个在职MBA学位，可以在怀孕五六个月的时候还在工地上出入，在办公室加班到晚上9点、10点，我们都为她担心的时候，她会非常乐观地说没关系，我能搞定！

十年倏忽而过，她已经成为某大企业的营销总监，同时也是两个乖巧女儿的妈妈。

一个上进女孩的十年，是许多女生可以学习的榜样。

事实上，我在深圳十一年的工作历程中，看到的类似例子不胜其数。我从内心尊重这些努力的人，为他们喝彩！

如果你也能从零开始，靠着自己的努力获得不错的成绩，你真的还在乎父母是否能够给你一块跳板吗？如果你能够通过自己的努力，获得比父母更大的成就、更强的社会竞争力，你就会希望能够为父母去做些什么，而不是要求父母给自己带来些什么了！那种让父母有所寄托、有所倚靠的感觉，难道不比伸手向父母索取更开心？

机会多数时候是公平的，所以，放开那些所谓的困扰，我们的未来是由自己的双手来打造的，而不是靠父母！

第五部分

职场第一关

——试用期

拿到offer、工作落定，就全部搞定了吗？No!

Offer只是一张入场券。

人生价值的实现，根本不在于考上某个好大学，也不在于获得了一个不错的工作机会。真正的价值需要通过若干年的工作成果与相应产生的社会价值来表达。

所以，拿到了offer，也千万不要松懈，真正的战斗才刚刚拉开序幕，孰胜孰负还远未可知。

职场的真正挑战，从试用期开始!

一、试用期是干什么的？

说句真心话，做HR多年，深知再完备的面试甄选过程，也很难保证选择的绝对准确。应试技巧和工作历练都会让一个人可以在能力不足时能够表现出良好的面试效果。所以，会有试用期这样一个设置。

人的许多实际的工作表现，还是需要在工作实战中来体现的。比如能否吃苦，连续加班半个月，马上就看出高下；比如做事是否细致认真，经手两三件繁琐的任务，立即能够看得清清楚楚。

此外，还有许多心理层面的东西，也只能通过试用期的观察与感受，才能够真正判断。比如对同事、上司、公司的包容度，能否接受他人的一些不足；比如面对压力和挫折，是否能够保持良好的心态与平稳的情绪等等。

给应届毕业生的试用期，通常是三个月到半年，某些国有单位可能会给出一年的实习期。从法律的角度来说，试用期解除劳动合同，用人单位是不用给你任何相关补偿的，而且只用提前三天通知到劳动者就可以；而一旦通过试用期，解除劳动合同就需要提前一个月通知并且支付一定的补偿金。

虽然，用人单位并不是为了解除劳动合同才与劳动者签约，但毕竟在试用期解除是相对方便低成本的，所以这个阶段如果发现表现确实不好的，用人单位更容易做出解除劳动合同的决定。

所以千万不要以为进了公司大门，就一切万事大吉，一切都才刚刚开始，一次又一次的考核在等着你。

职场其实是一个没有止境的测试——通过了试用期的测试，才算初步获得了一个比较稳定的工作机会。在这样的工作机会下，一件件小任务、一次次大任务，都在经历着或小或大的考核，通过了，可能获得加薪或是晋升；接下来又是新的任务、新的挑战，完成得出色可能获得进一步的提升，通不过，可能在现在的岗位上重复、徘徊，还有可能失去现在的工作机会。

无论是做得好被挖角跳槽，还是在现有岗位上做得不如意换份工作，在新的环境中，一次又一次测试都在轮番上演。你每次被认可都是上一次或上几次测试得分良好，你的郁郁不得志只是因为之前的测试成绩不佳。

工作与上学，有一个最大的差别，在于上学时只要功课达到60分，就会在下个学年进入更高的一个年级，一年年下来，60分至少可以将你堆积到高中毕业；但职场的规则完全不是这样，60分只能让你在原地等待，直到你能在现在的岗位上拿到80分、90分，甚至更高，才会有机会获得晋升。这更像是高考和考研，只是职场中的高考年年都在进行。

所以，永远不要以为工作年数能够代表什么。如果不能带来变化，工作10年与工作3年的差异并不是太大。

现实中，这样的情况比比皆是。那些十数年如一日按老套路、老方法来完成相同工作任务的人，无论如何抱怨命运不公、遇人不淑，依然一年年重复着相同的轨迹难有更高的成就。

应该说，纸面上约定的试用期，只是一个显性的测试过程，它是因为法律对劳动合同双方的保护而被明文规定的。但法律能够保护的只是基本权益，职业的长期发展无人能够通过“保护”来完成，需要的还是自己的悉心努力。

二、这里的什么人决定你的去留？

直接来说，公司的老板、你的直接上司、公司的HR负责人，基本是影响到你去留的主要的三个人。

他们在决定你去留的时候，会考虑什么、关注什么，这就是你在试用期需要特别注意的地方。对于职场新人来说，最难的一点就是不知道这些人都在想些什么，不知道什么时候自己会踩地雷。

那我们就按各方力量对个人的影响程度大小，逐一来做分析。

● 直接上司

对于这个角色很好理解，如果在试用期他看你就不爽，你也觉得为他做事非常难受，那以后要长期在其手下工作肯定也是苦不堪言。

但是，现实中确实有很多上司会让下属感觉不舒服的。在工作中我们不能够要求上司像自己的父母那样，对自己无微不至地照顾、嘘寒问暖地关怀。你必须要理解，他存在的价值是完成他的职责所赋予的那些任务，这些任务都是与公司业绩、公司发展有关的，而不是与你相关，或与你的开心相关。

所以在我们的职场初期，如果你觉得你的上司不够好、不够让你开心，这时候应该做的不是耍态度、摆脸色，或者是跟其他人去抱怨说上司如何如何不好。就好像刚出道的小明星，是没资格摆姿态一样，初入职场的你还不具备什么价值，抱怨太多只会让自己失去机会，而不是让其他人改变。

首先应有的态度是**服从和尊重**，毕竟，他比你更早进入这个行业，他比你更熟悉所从事的这份职业，他也比你更擅长这份工作（因为他已经获得了晋升），他比你更清楚大的工作目标。

那么在上司安排你工作的时候千万不要挑肥拣瘦，不用去看其他的人是不是工作压力没你大，工作难度是不是比你小，更不要觉得上司安排给你的任务技术含量不高而感觉厌烦。对于上司安排的工作要把要求弄清楚，把时间、质量标准了解到位，然后竭尽全力地去达成最好的成果，过程中有不明白的、有为难的可以去问，但是不要抱怨，更不要放弃。

除了对工作任务认真执行之外，还要注意与上司的**沟通方式和沟通频率**，这也是许多年轻人容易出错的地方。做学生的时候学生和老师之间的互动是比较少的，更多的时候是老师有事会叫某位同学到老师办公室去一下，这个时候才会产生面对面的沟通。

职场却完全不是这个逻辑。

有事安排的时候领导当然会叫你，但对于职场新人来说，可能领导时不时会把你给忘了，因为你还完全不是一个非常重要的存在。

如果上司忽视了你的存在，这时候最需要检讨的还是自己。因为你没有主动地去和领导建立沟通关系，让他记住你。

上司虽然严肃，但也不必过分害怕，他也有着同其他人一样的心理需求——他们通常喜欢虚心好学的员工，喜欢为了工作不断努力的员工，他们也喜欢那些尊重他们、把他们当作职场最可信任最可以依赖的人的员工。而认真接受工作、努力完成任务、主动向领导汇报与请教、主动听取领导建议，都是能够让领导欣赏的好方式。

无论是试用期还是在未来的工作中，与上司建立良好的沟通关系是一个非常好的工作习惯，对于个人的职场成长和未来的晋升都是一个必备要素。

● HR

HR在每个公司中的价值和作用不尽相同，但是在规模企业中HR通常扮演着内部管理者的角色，通常会成为企业负责人的左膀右臂。

每一个人从外部进入公司成为公司的一员，都会和HR不时地发生这样或那样的联系。从办理入职手续、签订劳动合同，到参加入职培训、熟悉企业文化，再到参加社保、发放工资，还有更长远的个人发展、薪资调整、职位晋升……HR无时无刻不在你身边转悠着。

多数企业的HR是亲切的、礼貌的，但记住，不要因为他们很亲切就以为他们只是为你提供各种工作服务的。在大型企业中，HR更重要的角色是对人员的管理与评价，负责应届生成长培养的往往就是HR。或许有的大公司会有独立的培训与发展部门，但往往也隶属在大的HR框架下。

负责员工培训和发展的或者是负责招聘的岗位，往往包含一个不那么显性的职责，就是关注新进员工的适应情况与胜任力水平。

有的企业会设立HRBP，BP是指Business Partner。通常这样的企业规模会比较大，某一个业务部门人数就已经数百人甚至上千人，只设立平行的HR部门，很难给予及时的、深入的支持和管理，于是在部门或事业部内部设立这样的仅仅服务于这个团队的HR。那么，这个团队的HRBP就会对这个团队内部新进人员的适应情况进行持续的了解。

那么HR们都在了解些什么呢？

他们通常会关心新人到企业之后，是否适应企业的文化和价值观，是否能够适应企业工作的节奏和工作的要求，是否在岗位上体现出了应有的学习能力，是否能够与上下左右形成良好的合作关系。

他们通常在哪里了解这些信息呢？

一是通过与新人面对面沟通，来获取一手的信息。

二是与你的左右同事和跨部门有业务联系的同事以及你的上司沟通，了解大家对你的看法和评价。

当然，对于一些在员工发展方面做得比较深入、系统、规范化程度比较高的企业来说，对新员工的转正还会设置专门的转正答辩环节，通常由HR来牵头组织，各方人员参加，有更多的人来审视你在试用期内的收获与成长。

所以，千万不要认为只要让顶头上司满意就可以顺利通关。无论是试用期还是未来长期的工作过程中，与上下左右都建立良好的合作关系，才能让你走得远、走得稳。

● 公司的老板

公司的老板不一定是指企业的所有者，在你所服务的分支机构中担任总负责人的那个大领导，通常也会被大家称为老板。

规模越大的企业，老板可能越是无暇顾及应届毕业生这样一个群体的成长。但无论何时，老板常常是具有一票否决权的那个人。你的好，他不一定有时间能够看得到，但你不好的表现万一被他碰上，一定不是什么好事！

如果是在规模较小的企业里，老板的影响力就更加大了。可能你上司对你的评价、HR对你的判断都会汇报到他那里，而你试用期最终是否能够通过也由他签字确定。

心理学中有一个常用的名词叫作“首因效应”。首因，就是第一印象的意思。就是说，如果在第一次接触的过程中就给对方留下了比较好的印象，那以后他人就容易带着这样的好印象来看待和审视你的其他工作成果；反之亦然。

如果你在这个工作环境中希望获得长期的发展，抓住所有的机会给老板留下一个良好的第一印象，也是非常有价值的，很可能会影响到你未来的升迁与加薪。但这需要在不影响你顶头上司的利益与心情的前提下，这个部分说起来就多了许多复杂的意味，属于职场进阶所需要的技巧了，在此仅点到为止。

许多新到的学生兵，都在入职之初感觉到种种不适应。这一点也不奇怪，因为学校与公司是完全不同的两种环境，而学校没有一门课叫作“如何适应企业环境”或“职场新兵指南”。上了十多年学、灌了一肚子墨水的孩子们，猛地面对企业，一下就乱了阵脚。

总的来说，试用期内要做一个热爱工作、虚心学习、勤奋上进、与人为善的好员工，争取获得成为企业正式一员的通行证。

但也不用过于战战兢兢，企业通常也不会在试用期过于为难新人。一个理性的企业清楚每个人都并非完美，要能够包容每个人的不足同时充分发挥各个长项，才能聚人气求发展。所以，尽管介绍了这么多，职场新人们只要认真对待工作、努力完成学生向职业人的过渡，基本就可以顺利过关了。

学生向职业人的过渡究竟要注意一些什么呢？请继续关注后续章节。

三、职业礼仪，让别人不烦你

职场需要职业范儿，学校里的那些随意将成为过去，新人们需要按职场的规则来约束自己的一切，这里先从外在开始。

从带过的十届应届生来看，大半新人对职业礼仪一无所知或知之甚少，导致工作中犯下一些不必要的错误，为自己减分。礼仪，比起高数、CET-6要容易得多，关键是要知道，然后建立意识、形成习惯。

职业礼仪包含的内容非常丰富，从仪表仪态和礼节两个方面来提示大家。

1 仪表仪态

仪表，关注的是着装打扮。

在办公室里奔前途的年轻人，很多都需要用职业套装来扮出第一步的职业感。当然，现在越是强调创意的企业越是变得开明，IT、互联网业普遍着装休闲、随意，艺术设计类的工作甚至欣赏特立独行。

但装束无论庄重还是随意，干净、整齐、搭配得体都是必要的。T恤牛仔可能会被一些新兴行业所接受，但过于另类的摇滚风、朋克风还是留给闲暇时光吧。另外，女孩子包得严实一些还是更容易赢得尊重和善意。读了那么多年的书，要让别人感觉工资是为你的智商支付的。不过万事不要走极端，包得严实不代表穿成修女那样，更不代表放弃时尚、用保守落伍来保证安全。

再过多少年，可能大家都还是依然会喜欢清爽阳光干净的男孩和整洁温婉雅致的女孩。不要相信《丑女无敌》那类片子里的桥段，打扮成林无敌那样可能连工作都很难找到，更不要说获得施展空间、赢得老大信任了。

之前在面试准备环节提到过的“头发”，也会影响到你在他人心目中的形象。特别是那些雄心勃勃向往管理层的年轻人，从一开始就用干净简洁利落的发型来建立好的第一印象吧。那些炫酷的、妖娆的、散乱的发型，都不是职场范儿！

仪态，关注的是举手投足间的风采。

眼神。温和、充满善意的眼神，永远是让人喜欢的。另外，对话时、碰面时，需要做眼神的交流，一些个性偏内向的同学，喜欢回避他人的目光，这在职场是不礼貌的行为。

笑容。有事没事多保持微笑，不要扮酷，更不要觉得老在对别人笑有损身份，绅士和淑女都是善于微笑的。职场中习惯保持微笑的人，将在无形中帮自己扫清很多障碍。

手姿。接名片、发名片的时候，请用双手！给领导送文件、递送物品的时候，请用双手！递东西给他人时，请伸长手欠身送出去，而不是等别人伸长手来拿。

站姿。正式场合请站稳立直，双手在腹前交叉或是拿着杯子、文件之类抱在胸前。不要手插在兜里晃晃，不要肩斜背弯。

注意小动作。打呵欠、哼小调、掏鼻孔、哆嗦腿都是不文雅的举动，如果你实在喜欢，就躲在家里过瘾吧！办公室里切记杜绝。

2 礼节

现代的礼节已经简单许多，而且多隐藏在行为的细微之中，如果不被提点很容易被忽略，所以在职场礼节上出问题的年轻人很多。可能只是因为你年少无知，但在同事、上级的眼中，可能就会觉得你素养不够好甚至有意为之。

这里只提醒一些很常用但容易被忽视的要点。

● 致意

在公司内的走道、电梯中遇到领导同事一定记得点头或微笑致意，如果是早晨还应同时说“早上好！”不要觉得领导可能根本不认识我，我叫不叫都一样，见面问好本是礼貌。

领导走到你座位旁边站着和你说话了，如果没有身体的不便，请起立和领导交谈，避免领导站着说，你倚靠在椅子背上答。

在领导或重要宾客进入会场/会客室时，下级或随同人员应起立致意，常规会议除外。

● 称呼

外企都统一使用英文名称呼，不容易出错。

内资企业通常习惯带职务称呼，林董、张总、李经理、王主任等等，但对于比你年长较多，同时不是管理岗位的人，专业岗位上的可能会称张工、赵工，支持岗位上的可以称刘姐、杨哥等。但就算比你年纪大很多，也不可称叔叔阿姨，那会把别人惊呆的。

对上级和年长者，言谈中最好使用“您”。

写邮件时，除非很熟悉的同级同事，最好以“××，你/您好！”开头。给上级的邮件，没有称呼，直接写邮件正文，是不礼貌的。

● 电话

无论何时，接电话温和一些，不要凶巴巴大声说“喂，你是谁啊？”显得非常没有素养；而且，万一是大领导打来电话，肯定让你肠子悔青。

如果不知道对方是谁，可以说：“不好意思，请问是哪位？”

不要在办公室里大嗓门地讲电话，大家全听到了，也很打扰别人的工作（现在绝大多数公司都是开放式办公了）。

● 会议和聚餐

作为公司新人，面对这两件事情，最容易出错的就是坐错位置！

开会时，每个公司主座的习惯不太一样，注意不要第一个跑到会议室去落座；参考在公司工作过一年半载但还是初级职位的人坐在哪；一般离大领导远的位置是基层员工的区域。

聚餐时，用餐座次的规矩比较一致，参考下面这个图就行。上面标的数字是排序，写着“1”的那个，是最大领导的位置，这个位置通常正面对着门；其次是右2左3顺序往下排。如果你不确定，和进会议室一样采用跟随入座的方式；如果实在坐错地方，发现自己占了其他领导应坐的位置，也不要怕丢丑，赶紧站起来让开就是，否则这一顿饭会让你如坐针毡。

也有完全不介意这些礼数的公司，但内资企业不介意这些的确实比较少。

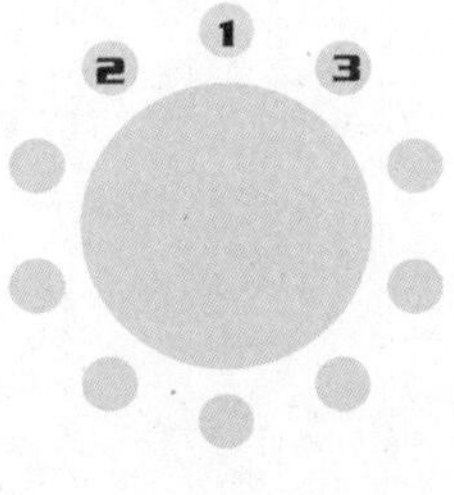

● 乘车

同事共同乘车外出时，也容易出现不礼貌行为。

最典型的是年轻人比较积极，最先下楼出门，一看大家都没到，自己先上车等，随便找了一个比较方便的座位坐下来，然后，等大家来了发现自己坐在了“要位”上。

职场新人，基本都是公司中最基层的员工，所以，若是不清楚落座规则，最好不要第一个冲上去找座位；若是清楚座位规则，更不要第一个上车，请领导或年长者先上是基本礼仪。

例外的是乘坐商务车时，去后排座位的通道比较窄小，作为新人的你，就不要傻傻等在车外让领导先上了，那样人家只好坐在后排了。

轿车的第一号位子按说应该是司机身后那个，但有些领导喜欢坐副驾，也千万别上去抢副驾，非要领导去左后位。

如果你能更进一步，有意识地帮他人开关车门、放行李之类，则很容易给他人留下良好的印象。

总的来说，职场礼仪就是让自己变得大方、礼貌、谦逊、放低身段，像一个有良好教养的人。可惜的是，十多年的教育几乎都没有这一课，让不少年轻人认为这个不重要。

现在知道还来得及，别让这些问题成为成长路上永远的绊脚石！

四、学会沟通，让别人接纳你

沟通也是应届新人初入职场时面对的一大考验。因为环境变了，沟通对象也出现了重大变化，让新人一时有很强的无措感。

这里不做沟通技巧方面的详细叙述，如果需要提升这方面技巧可以做一些专门的阅读。对于新人来说，沟通意识的有效建立，对公司内部各类沟通对象特点的把握，沟通渠道的选择，沟通细节的把握，等等，更需要在第一时间掌握。

● 沟通意识

在职场，要把“沟通”当成个事！

有不少人在职场努力N年都还没有形成正确的沟通意识，把沟通当成可以忽略不计的小事，以为做好自己的本职工作才是制胜的根本，却不知有多少晋升失败的背后都有一条原因——“沟通能力待提升”。

这里所说的沟通能力最基本的一条就是有良好的沟通意识。

产生沟通障碍的一大原因就是想当然，觉得别人应该明白、应该也想到了、应该主动做了……所以许多人就此不去“浪费”时间和别人沟通。而别人事实上不明白、没想到，更不会主动去做，所以造成工作上的遗漏、延误、衔接不顺。

这个事情，有点像男生女生之间的恋爱，女孩子永远希望对方可以主动考虑到所有的细节，揣摩到女孩子心里的所有小期待、小心思，可有这样能耐的男生少之又少，所以女孩生气、吵架，男生不知所措，只能哄着、让着、认错，一次、两次……N次之后，要么女生失望而去，要么男孩子受不了而离开。

要知道，善解人意、无微不至只是少数人具备的特征，而不是像吃饭、走路这些基本生存能力那样谁都会，用这样的能力来作为是否“用心”的标准，难免会错过一些真心。

两情相悦的两个人尚且会猜不透想不到，更不要说工作中只是平淡如水关系的同事。由于大家所在的职位、职责、习惯、偏好各不相同，所以你期望的很可能是人家根本没想过的，而别人关注的却又可能是你完全没兴趣的。这本是非常正常的事情，就不要将它赋予更复杂的意思，而让自己生气、郁闷、失望，你要做的就只是把话说出来。

比如，毕业生进公司后经常会担任的一个角色是发邮件向其他部门催收一些文件、表单，常常会碰到邮件出去两三天完全没回音的情况。这时候有的人会想：是不是人家不重视我，是不是人家故意为难我，是不是那个人对我有意见或者对我的老大有意见……其实这些全都是多虑，你只用在发完邮件之后，拿起电话给每个收件人打一个电话提醒一下就行了；然后在截止时间之前的半天，再电话甚至面对面地提醒一次。因为很多时候，因为邮件量太大，而使他们忘记了你发的邮件，没有其他任何原因，“提醒”是解决你的尴尬的最好方式。

有了沟通意识，还需要注意的就是不要怕。不要担心说错话被领导批评或是被别人笑话，

比如，领导安排任务的时候，你没听清领导的要求。与其困在自己的卡座上焦急不已，或是不管三七二十一先随便弄个东西，等交差的时候领导批评了再说，不如直接敲门找到领导，说：“不好意思，刚才没能很好地理解领导的要求，想和领导再确认一下。”

再比如，手里接到活不知道应该怎么下手，与其急得抓耳挠腮，不如找

到资深的同事去问问，虚心地请教可以立即帮你解围，完全不用怕别人嫌弃你，或是没时间理你，顶多张三没空，你再去问李四，不会有更大的损失。但如果不敢去问，最后肯定等到大麻烦。

● 沟通对象

在走出校门之前的二十多年时间里，沟通对象基本就是两类：第一类是同学，无论是幼儿园的小朋友，还是大学时的同班、舍友，大家年龄相近，社会角色一样；第二类是长辈，包括父母、爷爷奶奶、外公外婆、叔叔婶婶等，他们都是长辈，所需的基本都是尊重和礼貌。

但职场中的沟通对象就非常丰富了，有同僚，有上级，有上级的上级，还有别人的上级。这些人有男有女，有年长有年轻，有温和有暴躁。对于刚刚步入职场的你来说，他们有一个共同特点——都不认识你，更别说交情。当然，这也意味着你不认识他们，也不了解他们。

职场人际关系的建立，是一个很有意思的话题，但不在这里细说了。这里特别提醒一些与新人生存利益攸关的几方面沟通，毕竟所有的交情，都是从沟通开始。

● 上行沟通

永远要记住，不要因为自己觉得才高八斗，就认为上司理所当然地会重视你、认可你。能够过关斩将最终拿到一个好offer的每一个人都有各自的优势，你的职场争霸赛才刚刚拉开帷幕，胜负皆有可能。所以，为了明日的胜出，还要从与上司沟通开始。

尊重上级，是破不掉的规则，但不是低三下四，是懂得尊重。

顺应，比反其道而行要好，头脑风暴会议除外。

如果确实有不同意，可以通过会后沟通、会后邮件或会中短信联系的方式来提示，但不要当众顶撞。

如果有意见需要补充，先赞同之前所说，再提自己的补充意见（这一点在与其他任何层级的人沟通时都用得着）。

如果你的想法确实不太好、不太对，不要硬撑、死犟，适时承认自己的不到位，不会让领导觉得你能力不行，反而会留下谦虚的好印象。

不单单汇报问题、提出疑问，与领导沟通的时候带着解决方案去，甚至是两三个解决方案让领导选择。

聚精会神地聆听，比上学的时候听课要更认真，因为职场中没有复习、划重点了，说完就过去，如果经常没听懂、没听清，只会让领导怀疑你的理解力。

聆听的同时还要适时地进行要点确认，避免领导说了A，你理解成了C，最终和没听到是一样的。

● **平行沟通**

领导每天要面对的人很多，能够留给你的时间非常少，你一天中的多数时光，还是和自己部门内部的同事交流，或是跨部门和相似职位的同事沟通。所以，这方面的沟通技巧也一样不可忽视。

像春天一样温暖。再难、再急，谁也都不欠你的，再说谁不难、谁不急？你的差态度只能给你带来障碍和麻烦；而和颜悦色本就是我们自己比较喜欢的，己所欲，请施于人。

同理心。每个人的工作角色不一样，大家共同看一件事情的角度就不一样，当别人的观点、态度与自己不一样的时候，学会从对方角度去思考一下，而不是强加于人，或者牢骚满腹。

互惠互利。每个人都在履行自己的职责、承担自己的考核指标，所以我们不能要求其他人都为了你的目标而做出自我舍弃。我们更多地要去想办法让大家都能从中有所收益，至少无损于他人的业绩，这样你的沟通才更容易达成共识。

学会赞赏和感谢。虽然工作上的配合与支持，本是职责所在，但当他人及时做好了，没影响你的工作，还是要记得说“谢谢！”当你在工作上有所成绩时，一定希望别人说一句“真不错！”“真厉害！”之类的话，那么，别人也会和你一样喜欢这些赞赏。

无论是上级沟通，还是平行沟通，都要注意做好预约才是礼貌的表现，不管对方是否在忙，不管当时时间是否允许，都冲到他人办公桌前，让别人停下手中的事情听你说、回答你的问题，是不够尊重的表现；而且，即使对方修养良好，放下手中的事听你说，那他脑中惦记的还是自己的事情，你的沟通效果一定会打折。

越是和职务更高的人沟通，越是要做到提前预约，让秘书排进他的时间表中；与平级同事，至少也通过电话或是内部的沟通软件（如Lync）询问对方时间是否方便。懂得为他人着想，当你需要他人为你着想的时候才能收到回报。

● 下行沟通

作为职场新兵，你还没机会进行下行沟通，因为你尚处在金字塔的基座上。学好上行与平行沟通，才能帮你在某一天获得下行沟通的机会，而到那个时候，相关的管理培训能够让你学会怎么和下属谈话。

五、管理好心态，才能全速前进

这么多年的应届生培养工作中，一直把这个课题专门作为一门课来讲述，这里包含的不仅仅是喜怒哀乐，更是影响一生职业发展的重要哲学。君不见众众人才只因不能端正自己的心态，而让高高在上的学历、智商都打了折扣，甚为可惜！

在职业发展的各个阶段要面对的挑战和压力各不相同，心态也随之不同；刚刚毕业，找到了好的就业平台的同学，和就业情况不如人意的同学，在职业之初的心态也截然不同。但此时比较共性的问题是迷茫、焦虑、脆弱、不自信、不稳定，把这些问题解决好了，才能帮我们走好职业之初的这一段路。

人群 1 没找到工作！

总找不到工作确实非常挫伤人的自信，让人沮丧，怀疑自己的价值，变得悲观、敏感、烦躁。

这个时候，要赶紧补课。补的内容是什么？就是本书第二部分、第三部分所提出的各种成长要求。如果把那些要求全都做好，或者至少做到七八成，找工作就没那么难了。不要在等待的日子里仅仅在沮丧、仅仅在焦虑，更不要用上网、睡觉、打游戏、看电视打发时间。在生命的任何阶段时间都是宝贵的，一定要让时间带给你价值的增长，这个价值无论是物质层面的还是精神层面的。同时，锲而不舍地投简历找工作。

总会有机会的，上帝绝对不会照顾到了其他所有人，却单单放弃了你一个，能够放弃你的只有你自己。

对工作不要过于挑拣，首先解决有工作可做的问题，让自己充实起来。同时用工作为自己赢回一些自信，这是工作带给你的回报，而不仅仅看工资高低。

还有一点要记住，在下一届毕业生汹涌而至之前，找到自己的位置，免得自己在千军万马中再被打击一次；此外，正式毕业半年内一定要工作！否则之后找工作会面对更多的质疑和更少的机会。其中的原因说起来比较复杂，但这就是就业市场的现实！

在面临毕业的时候，或刚刚毕业的一年半载，其实多数人并不清楚自己要什么，也并不清楚哪份工作可以给自己带来什么。所以，如果在就业问题上确实不那么顺利，至少先找到工作做着，慢慢体验工作与上学的不同，积累自己的社会价值。同时，在工作中可以逐步发现自己的不足，那么努力的方向也会更加清晰。

记得，只要自己不放弃自己，这个世界就不会放弃你。努力！

人群2 工作不满意，但又没办法

找了一份不太满意的工作的人占了很大一部分，可能是待遇不高，可能专业不对口，可能企业规模小没名气，可能行业没前景，还可能各个方面都不满意。

另外还有一部分人对自己期望过高，本想进行业No.1公司，结果只进了前10的企业，这种情况不包括在这一节所说的范围内。

要相信无论工作如何地让你不满意，最终都是可以帮助你成长的。既然在职业发展之初，我们还没有任何能量去讨价还价、挑肥拣瘦，那就充分利用好你可以获得的资源，一点一滴地做积累。

打个不太恰当的比方，如果你现在拿不出两三百万买一套房子，那也不要嫌弃100元、1000元钱太少，离百万的目标太远，没有平日的积累一百万永远是个梦想。

在这份不太让你满意的工作中，先认真看看，自己究竟有什么不足，令自己无法找到一份更好的工作。怎么能看得到呢？请看你身边职位比你高、工作比你出色、更加让老板放心或欣赏的那些人，至少在你所服务的这个小环境中，他们具备而你所缺少的一些优点，很可能就是你的不足。

这时候有人看到的是积极的一面，有人看到的是消极的一面。比如说看到有人对老板比较忠诚，老板安排的事情那人做起来腿脚比较快。那么有的人会觉得，这个人执行力强、反应快；而有的人则理解为就是会拍马屁。往往从积极的一面去看待事情的人更容易汲取正能量，当然从负面看待事情的人也更容易汲取负能量。哪种能量对我们的成长更有利，不必多说了。

既然我们都期望成长，那把正面的能量多多汲取过来，在成长的路上睁大眼睛多去观察、启动大脑多去思考、放下身段多去学习和模仿。

虽然身边人并不能代表全部，天外有天人外有人，但是至少在这个小环境中，你能够通过学习、锻炼、提升，最终做到比其他人都强，你才有可能在一个更优秀的环境中具备生存发展能力。

此外，如果现在正在做一份你根本不喜欢的职业，那么弄清楚自己喜欢什么，可以在这个时候做一些技能上的、知识上的储备。

比如，你是一个天天跑业务的销售人员，每天的工作就是跑市场见客户，而你的梦想却是做一名会计，那请在业余时间进行相关的学习、考取相关的证书，甚至报考第二专业、第二学历。另外，最好还能够跟公司的财务人员没事多交流交流，甚至找时间帮他们干点活。机会什么时候会来，没人知道，但如果等看到它来的时候你才开始动手做准备，那机会就永远都是别人的。

就像前文所述的例子，那个在文员岗位上锲而不舍努力多年的朋友，最终晋升到管理岗位时，也不过刚刚32岁，还有大把时间去追寻更高的目标。事实上，现在他正奔跑上追寻的途中，胜利在望。

人群3 幸运地进了一个不错的公司

这样的人占应届生总量的比例很少，但他们大多数因为获得了好的开始，就几乎已经获得了通往高阶职场生涯的通行证，至少在起跑阶段，他们准时开跑没耽误时间。而这样的同学，所处的行业与公司往往又有比较好的前景，会为他的个人成长提供足够大的平台。

回顾过去十年的校园招聘（房地产行业），工作8年以上（2006年及以前毕业）做得最好的已在分公司高管岗位年薪达百万元甚至更高（少量个例），比较常见的是位至中层年薪30万～50万元；毕业5年左右的（2009年前后毕业），多数在骨干专业人员的岗位上，年薪20多万元到30多万元，未来的前景普遍比较看好。如果毕业进入的是现在热得滚烫的互联网行业，薪酬数据会比这个更加让人振奋！

但并不意味着所有的人在一开始都意气风发、信心满满，也不意味着在最初的一年里万事皆如意。事实上，亲手带过这么多新人，再优秀的背景，青春都是一样的迷茫。

能够在竞争激烈的校招季拿到一个好offer的同学，多数在之前已经优秀惯了，拿一等奖学金、拿竞赛优胜、做学生会主席，似乎一切光环都应该属于自己。但到了企业中，发现周围的同届的兄弟姐妹就有不少高手，再看那些职场十数年的白领金领，顿时觉得自己“挫”得厉害。

巨大的心理落差，会在忽然间让人找不到北，生怕露怯被人看出来，生怕出错被人笑话；一旦被批评就惶然无措，一看到同届有人出彩就担心自己永远落伍。**这是不自信。**

还有的人总觉得别人的岗位更好，成长的机会更多；总觉得还有混得更好的同学，年薪一开始就比自己高了3万、5万。因此，总想着是不是申请换个岗位，或者是不是找机会跳槽。**这是心不定。**

过去十年的80后，现在汹涌而至的90后，习惯在被关注、被关怀、被呵护中生活，习惯家中有6个长辈把自己当成“宝贝”，因此，突然面对只把自己当下属的年长者时，觉得自己被忽视、被冷淡甚至被“欺压”，因此愤愤然、凄凄然。**这是太娇气。**

当了十多年学生，每学期都有开学第一天拿到课程表和教科书，然后，按照已经安排好的一切拼命学就可以。于是，工作之后也在天天等着领导安排活干，等着具体而明确的要求，只要是没被安排的，都是别人的事，结果发现自己经常无所事事还老被同事上级觉得没眼色。**这是太被动。**

此外，也有一些自视甚高、自觉无人能及的同学，到了公司中便开始看不上这个、瞧不起那个，觉得每个制度都蹩脚，每个人考虑问题都不够专业，碰上领导找谈话，就大放厥词，如果领导不认可就认为领导也没啥水平。**这是太自大。**

上面说到的五种情况中，前四种出现的概率非常高，几乎每个人都需要通过一段时间的辅导来转变心态。第五种情况偶有发生，但不知道更加有个性的90后是否会更多地表现出这个状态。

● 不自信

这个问题比较好解决，放松一点就行了。人生是一场拉力赛，所谓“小时了了，长大后未必佳”；初入职场特优秀，未来生涯未必全胜。所以不用老和某个暂时跑得快的人比较，踏好自己的每一步，同时不断告诉自己我一定可以！

● 心不定

这是大问题，如果已经在一个比较好的企业环境中了（注意，是比较好，不是最好，也不是比别人都好），最好不要轻言放弃。未来工作多年之后，你最终会明白，没有十全十美的企业，你在这个企业所烦恼的问题，在另外的企业可能没有，但另外的企业会有其他你现在不曾遇到的新问题。

职业生涯最初的几年最好能够稳打稳扎地在一个平台上进行积累，渐次提高，不要浪费时间走弯路，更不要浪费时间低水平重复，再加上有一个能够指导你的“师傅”，可以让新人在2～3年内完成专业的“原始积累”，之后便可以独立地承担一些工作的，而不仅仅是辅助角色。

当专业的独立性逐步呈现出来之后，就可以进入自我积累、自我提升的阶段，而不受制于培养机制或引导人。

职业发展的前3～5年，最好不要因为每个月多两三千元的工资而选择跳槽，那体现的只是企业之间的薪资差异，而不是你个人的市场价值。

当真正具备一定的市场价值的时候，再开始考虑跳槽的问题。

● 太娇气

独生子女政策导致了大批的小皇帝、小公主，但那只是在家庭“王国”之内，愿意“俯首称臣”的只是父母和爷爷奶奶（这种宠溺有多害孩子，在此就不多说了）。

职场之中，只有登上了金字塔的顶端才是真正的王者，即便是王者也意味着更大的责任与压力，而不是骄横与任性。

一旦毕业进入工作角色，就要把自己当成一个独立的成年人，而周围都是一些有着管理或协作关系的其他成年人。这里的每个人要为自己负责，没有人需要为你、为你的工作、为你的情绪负责。为你负责的只是你自己，其他人不会围着你转！

能够想明白这一点，就便于接受角色与沟通上的一些变化。

你的上司不会按你的喜好来安排工作，对于工作内容你不能“挑食”；你的同事不会因为你的心情不好而迁就你，如果你常常心情不太好影响工作，大家更有可能的是不认同你。职业，意味着所有的人围着业绩目标转，而不是围绕你的成长发展或你的心情或身体状况，业绩指标不会因为你的个人原因而被调整，如前文所述，连体力也是拼杀所必备的一个资本。

所以，不要用家里习惯的“个人为中心”来要求工作环境，成长为一名独立而坚强的个体，是职场成就的第一步。

● 太被动

被动，是影响职业成长的重要杀手之一！

乖宝宝的典型特点就是听老师和家长的话，不越雷池半步，让他好好学习就闷头学习，让他不要看电视、不要看闲书就只看教科书和练习册，让他学理科他决不考虑文科。这种从小被安排好了一切的乖宝宝，到了职场当中很难有自己的思考判断力，缺少能动性。

为什么许多学习好的同学，最终在职场并未出色？原因多在于此。

有个著名的“买土豆的故事”说的正是这个问题。

买土豆的故事

张三和李四同时受雇于一家店铺，拿同样的薪水。一段时间后，张三青云直上，李四却原地踏步。李四想不通，老板为何厚此薄彼？

老板于是说：“李四，你现在到市场上去一下，看看今天早上有卖土豆的吗？”一会儿，李四回来汇报：“只有一个农民拉了一车土豆在卖。”

“有多少？”老板又问。

李四没有问过，于是赶紧又跑到市场上，然后回来告诉老板：“一共40袋土豆。”

“价格呢？”

“您没有叫我打听价格。”李四委屈地申明。

老板又把张三叫来：“张三，你现在到市场上去看一看，今天有没有卖土豆的？”

张三也很快就从市场上回来了，他一口气向老板汇报说：“今天市场上只有一个农民拉了一车土豆，一共40袋，价格是一块五毛钱一斤。我看了一下，这些土豆的质量不错，这还带回来一个，您先看看，价格也便宜。”

张三边说边从提包里拿出土豆，说：“我想这么便宜的土豆一定可以赚钱，根据我们以往的销量，40袋土豆在一个星期左右就可以全部卖掉。而且，咱们全部买下还可以再适当优惠。所以，我把那个农民也带来了，他现在正在外面等您回话呢……”

现实的工作中，不少人的职业发展就是被“李四”式的被动所限制——如果说他不努力、不肯做事，那确实委屈他了，事实上他一次又一次地跑来跑去，比张三更辛苦；但如果说他真正努力了，老板肯定不会认同，所以升职加薪的不是他。

职场中不需要买土豆，但职场新人总会面对帮领导找资料、打印、做PPT之类繁琐的小事，这样的小事常常最能显示人的主动性。

比如打印一份PPT，有心的人就会先了解，是否需要打成讲义式的，需要打成多大（一页3P还是一页6P）的才方便使用，是否需要彩打，是否急用等等。而被动者则不去多想，只按自己想法把文件打印出来，结果不是领导需要的样式，被领导批评了之后他又非常不爽“早又不说！”

工作不同于上学，没有可以按图索骥的课本可以看，也没有标准答案。每一件事都可以分为已经做了、做到位了、做完美了等多个等级，满足于“做了”的就是李四，张三是一直向着“做完美”去努力的。主动的好习惯，要在职场之初就开始培养，未来才会熟练自如。为什么说“偏执狂才能生存”？因为机会总是属于不断思考如何做得更好、不断给自己提出更高要求的人。

● 太自大

本不想写这部分的，发生的概率比较小。但前几天看到一个文章，说是入职宝洁的某新人（管理培训生），在轮岗阶段就对轮岗的每个岗位提出了自己的看法和建议。这本是好事，稍微有些包容力的公司都会欢迎这种做法。对工作不断地去思考优化和提升，本来就符合“张三买土豆”的主动心态，愿意更进一步多思考是职业进步的阶梯。

但文中所写，那个姑娘非常狂妄，因为她认为自己对PPT的美化工作做得比较好，就对他人直接说：“你拿那么高的工资，做出来的东西水平那么差！你现在就不该在这里对我说三道四，而是回去好好反思！”到这个份上，那就是自大的典型了。（话说这样的人，在面试环节多少都会体现出来，缺少包容力和富有太强攻击性，通常较难通过面试。）

在过往的十年应届培养过程中，还真没碰到一个优秀到如此程度的高人毕业生，可以在刚刚毕业几个月就全面超越工作数年甚至十数年的老员工（要知道这些老员工也多是当年的优质毕业生）。可能会有个别事情上做得确实有独到之处（比如对某个新的软件更熟悉），但全面超越几乎不可能，工作能力是需要实践来磨砺的，书本上学不到。

所以，如果因为在某一件事情、某一个技能上有突出表现，而出言不逊、傲视一切，迎接你的只怕不是升职，而是冷藏了，试用期很可能无法转正。

如果没有什么办公室政治的需要，一般来说领导不会喜欢这样的下属——公司是靠团队来运作的，而不是个人，这样的自大者对团队的破坏力太大！

那个文章说这个人获得了迅速提升，几个月之后就升到主管。要么这个事例是杜撰出来的，要么其中的一些细节是杜撰出来的。一个稳固的大型组织中更不会破格使用破坏力如此之大的管理培训生新人（特殊的创意型人才或可另做他论）。

有意思的是，两个月后看到有人撰文，写故事的续篇——那个姑娘在销售岗位上奋战了一段时间业绩不错，但无法升到销售主管的岗位，因为带不好团队；她个人持续情绪不好造成与上级的关系紧张，上级想把她调走却没有一个部门愿意接收她。虽然后面的故事接龙是杜撰出来的，但实话说，这和现实的职场更接近。

六、小技能，也能成就职场明星

许多新人刚入职，都会觉得无所事事。领导让先看制度，了解公司情况，之后就干等任务安排，看其他人忙得热火朝天，自己却根本插不上手。突然有一天，任务来了，却又手忙脚乱，又慢又出错，结果就是被训。

如果只被训一次就明白了、进步了，当然不是问题。问题在于被训的人常常是会一次次地被训，因为没弄明白为什么被训，所以老不长进，所以会重复被训的故事。

因此，在刚刚入职任务还不多时，甚至在还没正式入职的最后在校时间，做好一些工作技能的准备，能让你职场第一步少挨批、多收赞！

● 办公软件

Word

许多人都认为自己使用Word已经非常熟练了，可以输入文字并且做好排版，甚至还能插入表格！

但事实上，许多人根本搞不清Word的一些基本规则，前文所提示的简历版面难看无比，究其根本，还是对Word不甚了解，不知道这项工作可以做得好到什么程度，所以就不知道自己做得不够好。

此处无意于做Word培训，仅提几个常用规则。

■ 公司常用字体：宋体、黑体、楷体，其他花哨字体尽量不用；

- 文字整体编排，注意用相同的行间距；
- 一个文件中同样层级的内容用相同的字体、字号、缩进值、项目符号或编号；
- 项目编号先一、二、三，再1、2、3，再到（1）（2）（3），而且只要是编号就使用自动项目编号功能，免得文章一修改编号就出错；
- 表格文字多用左对齐或居中对齐，数据（特别是金额）多用右对齐，表格尽量不跨页（超长表格除外）。

PPT

PPT做好了可以使你的专业可视度倍增，可以让领导一下注意到你，做不好可能使你的专业水平打折扣。学习做一手高端大气PPT的途径在于多看，高级东西看得多，眼光自然好一些，光靠自己摸索比较难。

- 有时间花点时间提高一下基本审美能力，对做好的PPT很有帮助，包括色彩搭配与页面构图；
- PPT不像Word有连贯的文字，所以要通过清晰的结构让人易懂，超过20页的PPT最好有目录；
- Word的语言就只是文字，但PPT的语言则丰富得多，如色彩对比、动画设置、字号大小、图形图表等，若这里只在使用文字，会让表达效果打折；
- PPT，表面看到的是繁华，背后隐藏的是思想，有想法的、有内涵的PPT才能真正高大上起来。

Excel

- Excel的功能比你想象的要丰富得多，而且能够极大地提高你的工作效率，不要满足于会填数字进去和会用Sum、Average等简单公式；
- Countif、VLookup、Sumif、Day、Month以及条件格式、数据验证、自

动图表等功能，非常强大；

- 如果有大量数据存在相关关系，动一发而变全身，那Excel将是最好的解决途径，减少大量的手动计算、修改的麻烦；
- 数据较多的表，请用颜色来区分不同归属的区域，比如源数据、计算过程、结果、结果分析。
- 一个格子内部如果要换行，请用“Alt + Enter”键来实现，而不是通过按空格键，否则行宽一变就全乱套了；
- 与Word一样，同列、同类数据，请用相同的对齐方式和相同的字体、字号。

● 公文（包括邮件、报告、总结等）撰写

写邮件、写方案、写报告、做总结等等，都是职场拼杀的重要武器，如果再加上出色的口才，那几乎所向披靡。但这里所强调的，并不仅是文采出众、口若悬河，而是建立在对工作和业务的熟知、思考的基础上，能够将有价值的想法有效地表达出来。单纯的夸夸其谈并不被企业所欢迎。

对业务的了解和思考，是渐进且无止境的过程，但对于书面表达却是可以快速训练的。

企业内部的专业文书讲究逻辑清晰、重点突出、信息翔实、言简意赅，和文学意义上的写作不同，不需要华丽辞藻的堆砌，也不需要太多修辞手法，用最简明的方式让其他人看明白而且乐于接受你所表达的内容，就是最佳模式。

要达到这个目的，**首先要站在阅读者的角度来看**，文字怎么组合才能让读者更容易get你的逻辑与主旨，而不仅仅是站在自己已经非常熟悉相关数据与情况的角度来看。

其次，要养成良好的行文习惯。比如大段落的文字会让人失去兴趣，从而错过重要信息，所以**少用大篇幅的整段文字**，而使用段落或项目编号/符号来分隔。比如领导通常用于文字阅读的时间都比较有限，所以让他以最短的时间了解内容轮廓很重要，那么**多用小标题**，让人一看即知。

再者，写总结、写报告，要**抓住企业（或上级）的偏好和关注的重点**，并以此作为详略有度的依据。否则，领导看到报告后说你写的东西抓不到关键点，就不要觉得委屈了。

最后一点，交给领导的正式文字（报告、总结等）一定不要有错别字，最好能做到邮件都不出错别字！这看似简单，可做到的人极少。

● **时间管理**

时间管理看似简单，其实有大学问。一般被领导觉得“做事麻利、高效”的人，通常都在时间管理上做得比较好。所以不少有完备的应届生培养模式的企业通常会给应届新人开设这个课程。

具体的相关技能，在这不做细述，建议仔细研讨管理大师彼得·德鲁克先生的经典名作《卓有成效的管理者》，反复读上三五遍，也结合自己的工作与生活实际思考上三五遍，对个人时间管理能力的提升定会有很大的帮助。本人有幸在MBA阶段认真完成了这本著作的学习，深感受益。

这里提示几个书中不会提及的小事：

- 任何时候接任务，问一句：急不急？什么时候要？
- 你直接上司安排给你的工作肯定是要优先完成的，除非他安排的时候就说这个事不用急，慢慢来。
- 周围的人会把一些杂事交给新人做，杂事一多可能应付不过来，新人首先要尽量去做完做好；如果确实超量加班也做不完可能会影响别人的工作，那一定事先告知他人时间可能会比较久。
- 无论如何，留出时间持续学习专业/行业知识、锻炼身体。
- 职场之初肯定难免加班，因为你是生手，做一件事情别人用两个小时你可能要用两天；而又因为你还年轻，这时加班从体力、精力、时间上都还可以应对，所以不要逃避和抱怨，这时努力好过职场8年、10年后还在吃力地赶路。

七、细节决定成败

从汪中求的《细节决定成败》的销量之大、受众之广，就知道大家其实都喜欢完美的细节，但大多数时候我们得不到。所以，老板要求员工读此书，上级要求下级读此书，HR也建议大家读此书。

细节，因为事小所以容易被忽略。而我们这个民族也确实缺少一些“精细”的基因，喜欢“差不多就行了”，到了工作岗位上，细节的缺位会一次次被放大，最后变成低效、低质、低端的元凶。正因为我们缺少“细节”文化，所以从小到大的教育中对细节完美的要求就极少极少，那么到了工作上缺少细节意识也几乎是必然。

但时代毕竟是在进步的，我们的父辈和老师不可能教给我们未来所需要的一切本领，我们自己需要顺应成长的需要，自发自主地来完成自我修炼与蜕变。

建议职场新人先读读《细节决定成败》，以便对“细节”有一个基本的认识，但这还远远不够——知易行难，对细节更是如此，因为细节之细、之小，常常被人忽略。在工作中不断地提醒自己关注细节，不断在各种细节的优化中提升对细节的期望值，才能慢慢收到相应的成效。

由于细节往往太小，很难一一罗列，在这里举一个例子，来看细节方面的成长。

曾经带过一名学习非常出色的应届生，说她出色是指教育背景：本科考上的是排名前10的老牌院校，本科期间成绩优异被保研至本校本专业，连年奖学金，英语高分通过六级，口才出众，反应机敏，个性开朗亲和，以优异的成绩获得硕士学位。最终她成为我的下属。

入职之初曾寄予很高的期望，希望她以这样优质的基础可以获得快速的成长。

但入职后半年的一系列问题让我几乎想放弃她。

首先，感受不到在公司与在学校的差别。每天穿得像个在校学生一样来上班，随意（休闲）且很不好看（质感、样式不佳），多次提醒也未有任何改变。

其次，团队内部对几类常用文件有明确的版式要求，并且在一入职就已明确告知新人，但她一再忘记有这个事，提交的文件版式看起来经常是乱乱的，就像她的着装，无论内容写的什么，看起来都显得很没专业感。

再者，经常忘事，分配给她的工作她常常转脸就忘了，等再问她的时候她一脸茫然："哎呀，我给忘了，真是对不起，现在马上做……"态度非常诚恳，也绝不找理由借口，但就是小毛病不断。

在一次重大的工作失误之后，我与带她的导师商议试用期不通过，对于这样的新人我们只能选择放弃。

她的导师也觉得很无奈，各种问题都已经反复告诫提醒，还是不断出错，于是给她下了最后通牒，试用期只剩最后一个月，如果还是这样就无法通过试用期了。

这一个月里，突然出现了非常神奇的变化。邮件不再出错，文件不再出错，所有交代的事情不再忘记，连那乱乱的小刘海和没有职业感的衣服都变了，连做PPT都出现了质的飞跃！当这些细节不再粗糙的时候，她的职业度瞬时爆发出来，而她个人对职业的感觉也出现了完全的扭转——上班不再觉得压力山大，做事情更加有自信，甚至对自己的样貌都更有信心（因为不断有人说她好像变漂亮了）。

后来我们聊起那时的变化。她说，小时候学习比较有悟性，只要按自己的学习方法去学，就能取得好成绩，所以学习上有自律也就不需要家长老师的太多管教。工作之后，很长一段时间还是习惯于按自己喜欢的来，按自己的节奏工作，后来发现工作是需要团队共振的，如果自己的习惯、想法、进度、质量与团队不一致那就会出错。事实上，学校里如鱼得水的那一套，在公司里确实不适用；而在最后的那一个月里，她“复习”了我给她提过的各方面要求，并努力一项不漏地去付诸实现，于是奇迹发生了。而这样做，刚开始的十天半个月，她也觉得非常辛苦，总怕哪里又出疏漏，再也没机会在这个岗位上工作了；而之后习惯成自然，发现自己居然是完全可以把工作做得细致、漂亮的。

那样的改变，她肯定花了不少心思，承受了不小的压力。努力的成果明显，不仅仅让她顺利通过试用，这些好习惯更让她在接下来的两三年里获得了快速的个人成长。

这个例子是想告诉所有的年轻人，好的教育背景、好的学习能力，带给你的都只是一个基础。工作要出彩，还是要在点滴之间做好每一份努力，具体有以下几个方面：

- 认真观察周围人的言行举止，不要让自己显得非常突兀。
- 听明白领导的要求，并且记在本子上，以保证不遗漏。
- 如果记性不好，可以通过手机的日程提醒功能，不要忘事。
- 认真地听会议发言，无论是领导还是同事的，能让你学到很多，包括业务知识和如何得体地表达。
- 像当年做简历一样，把文案做得整洁、漂亮，不要出现错别字。
- 把自己的办公区弄得整洁一些，有创意不等于脏乱。
- 把自己弄得整洁一些，像一个绷紧了肌肉准备上战场的战士，而不是像一个准备下楼买菜的大叔大婶。
- 认真对待过手的每一件事，哪怕只是给XX打电话通知一件小事，也要说清楚、说到位。
- 每完成一件事情，都花一点时间想想是不是可以做到更好。

结语

作为一个职业经理人，写长篇文章确实是非常大的挑战，时间总显得那么不够用。因此在写的过程中，常会去看一些在校生或是职场新人的帖子。看到确实有许多人在迷茫，甚至有些人已经放弃，就会有强大的能量在内心涌动，非常想一点一滴把这些职业规划的经验告诉大家。

这两天又看到一个女孩子写的帖子，三本、文科、成绩不好、个性内向、身体不好，在一线城市根本找不到工作，在二线城市通过熟人介绍了一份其实还不错的工作，但坚持不下来，一心想着考些证，再考老家的事业单位，从此过平稳的小日子。痛心的是，许多人跟帖表示赞同。在二十四五的年纪就放弃自己，开始漫长的混日子生活。

哀莫大于心死啊！拼搏的日子，再苦再累，总有曙光在前方；但在如此青葱年华就放弃了追求，在她40岁、50岁的时候，真的感觉到的是轻松愉快吗？

这个帖子的作者确实没有在踏入社会前做好充分的准备，但如果想在一、二线城市里拼出一片天，22岁毕业时开始准备也完全来得及！要知道那些看起来能在一线城市平稳立足的人，之前也曾经劳其筋骨苦其心智地努力过很久！

总体来说，我们的高校和社会在职业指导、职业生涯规划方面做得还非常少，很大一部分原因是现在身处高位者，只经历过大学分配，没有经历过痛苦的自主择业；他们的大多数也是在稳定的工作环境下平稳完成职业生涯，少有起伏顿挫，难于感同身受。

高校和一个研究机构会做这方面的研究，特别是人力资源专业和应用心理学专业的老师会做一些深度的研究，但囿于其工作环境，更多研究还是停留在学术层面。

而学校的就业办，真的需要再专业一些。

有时想起自己刚毕业时的一切，感觉像是一段段趣味横生又泪流满面的故事，经历了那么多的跌跌撞撞和摸索，才走到了今天。

庆幸命运的青睐，没让我一直跌撞下去；希望通过一些或许有用的经验，帮助后来的年轻人，少绕一点弯路，毕竟他们现在所面对的竞争压力要比我二十多岁时所面对的压力大得多。

但这些文字又真正能够帮助求职者多少？文字只能说道理，践行还要靠自己。

这些文字能够让所有的人都找到好工作吗？肯定不能。就像再优秀的考前辅导，也不能帮所有考生都进名牌院校，好工作最终还是属于努力更多的那一小部分人。

懂得规则可以提前做好准备，而比别人跑得快一点。最终，要在有限的机会面前获得属于自己的一份，还是要靠自己奋力奔跑！

当我们离青春越远，才越来越清楚地看明了青春的样子和时光的价值。那些为了考证而刻苦耕读的深夜，那些为了一次机会而焦灼奔忙的日子，那些因为求之不得而痛彻心扉的时刻，那些因为脱颖而出欣喜若狂的瞬间……最终都凝成一个个喜怒哀乐的片断，与时光一起，裹挟着我们走向未知的未来。

无论未来怎样，努力过，才能无悔于那些闪亮的日子。

在年轻的时候，
如果你爱上了一个人，
请你……
请你一定要温柔地对待他。

不管你们相爱的时间有多长，
若你们能始终温柔地相待，
那么，
所有的时刻都将是一种无瑕的美丽。

若不得不分离，
也要好好地说声再见，
也要在心里存着感谢，
感谢他给了你一份记忆。

长大了以后，
你才会知道，
在蓦然回首的刹那，
没有怨恨的才会了无遗憾，
如山冈上那轮静静的满月。

（出自席慕容《无悔的青春》）

后记：For girls

女生，在校园民谣或是小清新的小说电影中，都是美好的代名词，长发飘飘的女生、裙摆飞扬的女生、大眼睛女生、马尾辫的女生……关于青春的记忆都少不了“女生”的存在。

但，满脸青春的大学女生们，千万不要以为“美好”就会这样一路伴随下去，直到你优雅地老去变成一个美好的银发老太太。生命的轨迹几乎不是这样的！

看那些傻乎乎在楼下等待的男孩子，你千万不要以为他们会一辈子都这样耐心等待、这样热情满满、这样被荷尔蒙所控制。更不要以为有了一双温热的手、一番情意绵绵的话、一个关于永远的承诺，你就可以再也不用对未来担忧，因为有他的陪伴与保护，风霜疾苦都会远离你，甚至你只用在家照顾好老人孩子再把自己打扮漂亮，他轻松就让你过上幸福的小日子……

No！

心理学研究结果告诉我们“爱情”只能维持两三年，那些花前月下、缠绵悱恻在校园中一定要把握好时机好好体会，千万别错过，趁着有时间，有年轻的脸庞和年轻的心，还有高浓度的荷尔蒙，好好品味激情澎湃的青葱岁月，但别把它当成生命的常态。做好心理准备，这热情走着走着就变凉了，它的可贵就在于它的稀有。

生存是那么的现实，当你青春无敌的时候，你身旁那个傻傻呆呆的男生如此痴情于你。当岁月把你们带到十年后、十五年后，你的青春早已自己去远行，而你身边那个呆傻男生却突然变成了魅力满满的大叔，此时的他看到那些青春无敌的女生时，一样会像当年对你那样去动心、去荷尔蒙冲高。如果此时的你与多年前的你一样，除了生命本身赋予的资源外没有其他任何长项，那你就只有败北的份儿了，因为拼青春你是拼不过小女生的。

生存还是那么的现实，来自男人的承诺很大可能是会变的，特别是来自一个在校男孩子的承诺！也许他本意并不想言而无信，只是生活的无奈本就会让他无可奈何。那个在大学校园里高你一届、可以为你指导专业课、带你去饭堂、帮你修电脑的男生，等你走向社会后就会知道他其实是多么的稚嫩。就算他想悉心地照顾你一辈子，让你远离生活的压力，他也不一定能做得到、做得好。

生存又还是那么的现实，不是一碗清粥一件布衣就可以快乐到老。当你年过三十、三十五，不再有青春无敌的脸，质地优良的衣裳、高档的保养品、高机能的滋补品都将是你对抗岁月的利器。就算你的本心不在乎这些，你身边最亲密的那个人，你身边的其他人，都会帮你来在乎——同学聚会、办公室聊天、闺蜜八卦，会无时不在地刺激你的神经。其实，几乎没有什么女人从内心真的不在乎自己的样貌，说不在乎，很多时候只是给自己的一个借口，在心理学中称之为“心理防御”。

我们就是生活在如此巨大的矛盾冲突的年代，传统的理念还在你们的父辈那里根深蒂固，而你从小到大也没少被如此教化，但你将要面对的社会却已经变了，不再是男主外女主内，不再是你耕田我织布了。如果你做不到紧跟时代的脚步，就不要抱怨自己某一天被无情地淘汰出局。

这些话听起来都是这么冷酷无情，不是生活中充满了心灵鸡汤的吗？心灵鸡汤只能帮我们一时间感觉好一点，但并不能改变生活本来的冷酷模样。不用埋怨任何人、不要埋怨这个世界，生命的规律本来如此，如果你能够尽早弄明白这一切，就会让自己在前行的道路上更从容更有信心。

那么，如果你想为自己而努力，就真正做一个独立的女子，多看书拥有自己的独立思维；多运动，好拥有足够强健的体魄；多去面对各种困难和挑战，让自己的内心强大。

你希望社会更公平地对待你，那就不要期待因为自己是女性而被特别对待、特别照顾；如果你希望能够获得和男性一样的机会和尊重，那就比男人更努力更拼，因为你不仅仅要冲破前进道路上的重重难关，还要冲破社会对女性的软弱、怯懦、短视等等之类的固执偏见。

不用去羡慕那些年纪轻轻就被金钱与呵护包围起来的女孩子，更不要觉得自己要通过拼搏来获得一些东西就是一种不幸。无论任何时候，依靠别人的给予才能维持的幸福、快乐，终归是被动的，唯有拥有了自主能力，才是真正获得了幸福快乐的根基。有无数笑着开始哭着结束的故事在告诉我们这个道理，也有无数智慧的女人用自己的努力和成就告诉了我们这个道理。人的一生很长，不仅仅是二十来岁的那几年光景，能在终点轻松微笑才是我们要的长远目标。

女人在20岁的时候美丽是自然规律，40岁、50岁依然魄力不减才是实力——这里所需要的全是内心的能量与一路的拼搏。

Girl，如果你想要享受一个足够丰盛的人生，那就好好努力吧！

后记：For boys

如果说千百年来的传统，可以让女性还有一些后退的余地和借口，那么对于爷们儿来说“责任”就是一生都逃脱不掉的萦绕。

上帝本就赋予了男性更强健的体魄，而且不需要亲自应对生理期和怀孕生产，这多出来的能量就是应该去创造。所以，不用去为男人肩头的责任做任何抱怨，生活不易、生存不易，但既然已经有大量的男性出色地承担了这些压力，你也一样可以去承担。

我们的社会曾经有过一段“均贫”时期，那时，70后、80后的父辈们正值青壮年时代，90后的父辈们也在自己的青少年时期有所经历。那是一个没有努力空间的年代，所以每个人最好的应对方式就是安于贫困、苦中作乐。甚至在70后长大成人之时，房子、车子曾经也不是一种压力，但在80后跨向社会之时一切突然变了，等90后的一只脚开始向社会试探时，贫富的巨大差距已经让大多数人完全理解了“努力”的分量，从而也让男人肩上的压力愈加沉重。

除了经济环境的变化，生产技术的改变与价值创造模式的升级，更是给男同胞们带来巨大的竞争压力。在农耕社会和工业社会初期，繁重的农田劳作与大型机器设备的操作，对女性来说都是难以胜任的重型体力劳动，所以男耕女织有其必然性。

但今天，太多的工作在通过电脑、通过沟通来完成，决定胜任与否的不再是体力这样的先天属性，而是脑力制胜。如此，男女的差异被瞬间缩小——就智商而言，性别差异约等于零，特别是对于同样接受过高等教育的人群来说，在校学习出色的反而是女生。当一份工作不仅有男性在与你争夺，更有不让须眉的新生代女子与你一竞高下，男性的压力一定变得更大。

如果有机会看到在毕业求职过程中，大批女生的表现有多么出色，相信男生们不得不为自己之前的轻敌而汗颜；如果再有机会看到职场中那些智商情商拼搏精神都不输男人的“女汉子”，还在校的你们就更能明白要在未来的竞争中胜出也是多么地不易。

与其踏入社会之后苦苦煎熬、郁郁不得志，不如早点开始，在校园里就提前一步做好准备，最终享受一个快意人生！

而且，不要以为现代的出色女性们只在意你的收入和房产，相比之下，你的心智成熟度、你的健康状况、你的视野与胸怀、你的肌肉与身材都在她们打量的范围内。越独立越出色的女子，越会稀释收入在评估体系中的占比，当然，如果你在收入指标上的得分过低又难免让自己产生内心的障碍。如果你说自己根本不想找个多出色多像样的女人做伴侣，那就准备好应对其他方面的难题吧，比如对物质的要求，比如个人的素养。

还有一段话想专门写给家庭背景一般的男生们。也许你们的父母是农民，也许是普通的维修工，或是做小生意维持生计的人，父母给不了你丰厚的物质支持，给不了你闯荡都市跻身中产阶层甚至精英阶层的经验，更不了解办公室政治和丛林法则。千万不要去抱怨你们的父母，他们给了你生命并且供养你读完大学已经意味着足够多的付出，作为父母他们并未失职，如果你不希望自己在50岁时也一样待在社会底层，那就自己努力而不是埋怨父母、嫉恨同学。

越是起点低，越是要目标清晰、步伐坚定、矢志不渝，因为你没有退路，你必须让自己的知识、能力成为自己的靠山和背景。越是没有父母的职业发展指点，就越是要主动去学习和思考这方面的问题，让自己少绕弯路、少耽误时间。

不要相信那些所谓“草根阶层再也没机会逆袭”的言论，从底层到中产的身份改变，随时都在我近20年的职业历程中出现。而眼下这个时代中的精英们，有一部分确实出身不凡，但还有不少就成长于底层家庭，相信在未来这个比例也不会消失。那些不断去为自己的不努力不拼搏而无法进步找借口的人，永远不可以成为你的同盟，那些不战而自败的理念会导致一个必败的人生！

还有，不要因为自己出身贫寒就总是以为姑娘们老是因为钱的问题看不上你，那些受过高等教育的姑娘真正看不上的是那种自暴自弃、意志消沉、自甘堕落的状态！

所有的男孩子，把自己打造成一个真正的斗士，打造成一个有理想、有担当、有胸怀、无惧未来的斗士，创造自己的无悔人生！